人文科普 —探询思想的边界—

答案正在路上
· · · · · ·

《创造居场所：孤独与归宿的社会学》

《拥抱不完美：重新认识失败的生活哲学》

《哲学家的答案：你思考的起点》

《空虚的觉醒与自救：回归真实生活》

《正向教育：你应该知道的一切》

[日] 阿比留久美 著
兰　旺 译　周运来 审校

创造居场所

孤独と居場所の社会学

孤独与归宿的
社会学

中国社会科学出版社

图字：01-2023-5385 号
图书在版编目（CIP）数据

创造居场所：孤独与归宿的社会学 /（日）阿比留久美著；兰旺译. -- 北京：中国社会科学出版社，2025. 6. --（鼓楼新悦）. -- ISBN 978-7-5227-4967-9

Ⅰ. C912.6-0

中国国家版本馆 CIP 数据核字第 20250W7Y65 号

<KODOKU TO IBASHO NO SHAKAIGAKU>
版权所有 © KUMI ABIRU 2022
First published in Japan in 2022 by DAIWA SHOBO Co., Ltd.
The simplified Chinese translation rights arranged
with DAIWA SHOBO Co., Ltd. through Rightol Media Limited in Chengdu.
Chinese edition copyright © 2025 by China Social Sciences Press.

出 版 人	赵剑英
责任编辑	朱悠然
责任校对	罗婉珑
责任印制	郝美娜

出　　版	中国社会科学出版社
社　　址	北京鼓楼西大街甲 158 号
邮　　编	100720
网　　址	http://www.csspw.cn
发 行 部	010-84083685
门 市 部	010-84029450
经　　销	新华书店及其他书店

印刷装订	北京君升印刷有限公司
版　　次	2025 年 6 月第 1 版
印　　次	2025 年 6 月第 1 次印刷

开　　本	880×1230　1/32
印　　张	7.625
字　　数	149 千字
定　　价	76.00 元

凡购买中国社会科学出版社图书，如有质量问题请与本社营销中心联系调换
电话：010-84083683
版权所有　侵权必究

自由自在地生活就好。生活得多姿多彩就好。
虽然经常听到这些话,但是我们内心依然如此不安。
明明就只想"普通"地生活,但这样小的愿望竟都难以实现。
那么,要多么努力,要拥有什么,不安与孤独才会消失呢?
让我们去寻找可以更加畅快地呼吸,
能够保持"平凡自己"的居场所吧!

创造能够自在生活的场所

上海大学社会学院教授、博士生导师 纪莺莺

《创造居场所：孤独与归宿的社会学》一书原著出版于2022年，可以认为是2020年以来日本社会中人际关系越发孤独化、隔绝化的背景之下，关于人如何重建归属感与认同感的思考。在社会学里，这是一个历久弥新的题目。但是这本书并不是严格意义上的系统艰深的学术论著，而是紧贴着日本社会的脉搏，推动读者去思考，在当下的社会现状之中，如何使每个人都可能找到令自己感到舒适但又能确认社会位置的某种居心之地，特别是能够照顾到不那么符合主流社会期待的人群。此书并非要提出某种宏大的系统性解

决方案，也没有坚称找到了某种坚不可摧的政治信条，但它恰恰对"自立""自我"等在现代社会中深入人心的核心理念提出了细小、审慎但坚定的反思，提示我们从一些新的角度思考这些理念。此书写作简明轻快柔和，带着一种清新节制的风格。

"拥有能够放心对话的场所、非专断的教育'场所'"

"居场所"这一概念在日本社会的流行开始于20世纪80年代，是指提供给当时不想上学或无法上学的特殊儿童群体的带有"避难意义"的自由空间。这一概念的含义在之后变得更宽泛。在本书中，"居场所"就是指这样一种可供个人使用的、能够确认自我存在的，同时仍能与社会建立联系的空间。

"居场所"首先并不是某种由个体占有的孤立空间，而是一个公共的地方，是"社会上的容身之处，同时也是精神上的依托之所"，代表着社会性的构建。拥有居场所的状态是指能够在自我与社会之间建立互相认可的关系，能够在社会中形成恰当的自我定位和人生方向。作者批评2020年之后日本社会的隔绝化现象，自杀率的上升正是日本社会中日益孤立化的生活方式所带来的负面后果。人们回退到孤立的生活空间之中，恰恰是因为在社会中无法找到居场所。本书这样批评，事实上有一个潜在的对话背景，即日本社会近30年来的发展趋向。现在的日本人生活在新自由主义社会中，"既要按照自己喜欢的方式自由生活，也要对自己选择的结果完全负责"。但与此同时，体现着孤立化趋向的"少子化""不婚化""无缘死""啃老族"现象，在日本则反复成为公众关心的社会议题。例如，自平成时代（1989年1月8日）以来，日本的总和生育率在1.6以下的状态已超过30年。在2020年，日本男性的终身未婚率（即50岁时从未结婚的比率）为26.7%，女性为17.5%。但是正如作者所说，日本人实际上并没有像后现代思想家主张的那样能以多元的、碎片化的、流动的后现代"自我"生活。虽然从数据上看，日本社会已走向了"不婚社会"的形态，但是人们还是生活在"长大后就应该结婚，或者结婚是理想的状态"这种现代思维中。日本社会学家山田昌弘也认为，日本的现象并不能被简单视为欧美低婚姻率的复现，因为日本"不婚社会"的形成包含着来自社会经济结构的强制性——是因为结婚变得越来越难，而不是因为没有伴侣的人也可以生活得很快乐[1]。

"居场所"不是指家庭或职场，而是指各种各样的公共空间。人所拥有的居场所应该是多种多样的。如果过度依赖某一个空间，就会被这个单一的空间"夺走物理能力和心理能量"，从而无法培

---

[1][日]山田昌弘：《不婚社会：日本婚姻的未来走向》，韩涛译，生活·读书·新知三联书店2024年版。

养更多的生命体验，也会因为这唯一的居场所的崩溃而陷入人生的崩溃。读者会非常容易接受，"居场所"当然同时包括了线上与线下的多样形式，人们可从现实空间中获得安慰，也可以在互联网上建立有意义的社会关系。

但是，此书在今天背景下最重要也最有价值的地方或许是，"居场所"作为公共空间，并不是指哈贝马斯所说的可以理性商榷和意见交流的公共领域的含义，不是指交换政治理念的平台。其第一义首先是一个人可以去的地方。从20世纪90年代开始，日本为了应对儿童"不想上学"与青年"宅家啃老"的社会问题而推出面向这些群体的公共空间设计，通过儿童会、儿童剧场、游戏场、儿童食堂之类的地方来为少数群体提供居场所，并形成了放心之地、自由之地、创造之地、参与之地等不同类型的空间。在这样的居场所之中，人与人能够共同完成部分生活，人与人之间形成的关系又是相对轻松的，不以同质、同构、差异或对立为前提。作者举了一个例子，由于自己少年丧父的经验，周边朋友没有类似的经验，所以感到无人理解，但是自己需要的并不是那种怜悯她与同情她的人。"我一直在寻找一个只是出于对阿比留久美感兴趣而与我相处的人，而不是因为我是单亲家庭的'可怜'孩子而照顾我的人。"即使后者的确帮助了她，但是她也不想被定位为援助的对象。类比来说，作为空间的"居场所"也是要避免社会定义，它可以帮助形成一种社会联系，但应避免识别、分类与定义，从根本上说应避免建立歧视或标签化等权力关系。

质言之，居场所首先是一个能让需要"避难"的人去透口气、能够被别人倾听的地方，不是战斗、协商或经营的场所。被别人看见和听到，人就可以从"无力"的状态中恢复力量，才有可能进一步重新组织自身的力量。阿比留久美也讲述了自身建立公共空间的经历，曾经尝试建立"既不是学校、也不是研究会、也不是艺术项目的，崭新的空间"，但是朋友们为了维护家庭生活已经花光了全部精力，没有时间关注"自己"以外的世界。**在这样的普遍状况下，又该如何把人们从家庭或自己中拉出来建立公共空间呢？因此，在这种人们无力腾出双手的情况下，居场所首先应该是"能够放心对话的场所"，而非"专断的教育'场所'"。**

作者显然是要主张一种尊重个体性的取向，承认多元价值观。但是，作者同时也强调，并不是要主张"必须成为不一样的自己"，而是说"即使是不一样的自己也没关系"，放在具有深厚"同化倾向"（即与他人保持一致）文化基础的日本文化语境里来看，这也具有特殊意义。这即是说，作者所主张的尊重个体性并不是美国式的多元主义观点。因为，如果必须"要成为不一样的自己"，那么"追求与众不同"也会成为一种压迫性的意识形态，产生"都应该从（支配性文化）中脱离出来、必须从（支配性文化）中脱离出来"的观念性诉求。

作者所希望主张的是一种具有高度多样性而不是争夺正确性或界定对错的状态。在经历了从传统向现代乃至于后现代转型的日本社会，尊重价值多样性首先是重要的。例如，关于女性的生活选择，作者说，"当女性通过工作'绽放光彩'成为唯一价值的时候，就会产生一种风险——不想通过工作绽放光彩的女性，不想或者不能选择那种生活方式的女性，在社会中就很难找到居场所"。在"家庭的战后体制"[1]中，女性在日本的经济高度增长期被强行安置在了家庭主妇的位置之上[2]，女性离开家庭外出工作当然具有指向现代自由的解放性意义。但是作者认为，存在"不想通过工作绽放光彩"的价值观对于前一种价值观的信仰者来说也具有重要意义，可以帮助参与职场竞争的女性缓解在公共空间中遭受的各种精神压力，构造紧绷和松弛交替或同时可能的生存方式。进而言之，也就是避免单一价值观所造成的失去选择。

所以说到底，"居场所"首先是维持多样性和促进宽容的空间状态，令持有特定观点的人都能找到感到舒适的社会位置或处境，

---

[1] 即第二次世界大战之后男主外、女主内、生育两个孩子的家庭模式，直到 20 世纪 90 年代随着日本经济泡沫破灭而逐渐解体。
[2] [日] 落合惠美子：《21 世纪的日本家庭何去何从（第 4 版）》，郑杨译，社会科学文献出版社 2021 年版。

无论这种处境是指前述的可以透口气的空间状态，还是一种价值观状态，抑或是一种关系状态。

"战后日本型青年期"的解体

本书的主张并不应当被视为某种关于多元主义或者个体自由的陈词滥调，而应该看到，作者指出，当前人们"没有居场所"的普遍感觉，是日本社会近几十年高速发展过程中累积性的结果，即人的生存基础逐渐变得不稳定。**在"战后的青年体制"或者说家庭体制之中，日本政府和企业都把家庭当作了促进现代化的手段。但是**，作者批评道，**"昭和模式有机、高效地发挥作用的家庭和国家、家庭和企业的捆绑关系已经露出破绽"**。

而日本社会曾经有过一个非常稳定的时期，也就是被作者称为"战后日本型青年期"的状态，即落合惠美子所说的"家庭的战后体制"。在这一个时期，日本进入了经济快速增长期和城市化时期，家庭、学校、企业的三角结构运行顺畅，男性毕业了就能进入终身雇佣制的企业，进入企业就能够供养家庭，支撑家庭主妇全职抚育儿童。但是20世纪90年代日本泡沫经济崩溃，这之后的20年间，由于"家庭、学校、企业"三角结构的崩溃，这三者都出现了社会问题。"应届生统一录用"就业模式的崩溃，导致毕业生不能顺利变成劳动力，年轻人变得不稳定。从人人都能就业的状态，变成了能够做到工作不间断的年轻人只有四成。

由于三角结构中一直过于依赖家庭来抚育孩子（而几乎缺乏任何其他的中介性结构），一旦经济不景气，家庭之间的差距就会变得更加明显。因此，以家庭为单位的竞争就变得越来越激烈，家长主义就会变得越来越强烈。这样的进程也发生在中国社会之中。《哪吒之魔童闹海》中所表现出的父母形象和亲子关系，也可以说正是此种社会意识的体现。只是正如作者所说，父母当然是尽心尽力教育孩子的，但是"在家庭中实施'全方位、高密度的教育战略'，甚至让孩子即使在家里也能感受到带有教育性和评估性的目光，因此感到窒息"。

而由于学校是一个高度统制性的结构，不适应学校文化的儿童、青少年就会失去发展的可能性和机会。作者提到，在日本以外的社会，儿童与青少年可以有多个地方开展体育活动，但是日本的儿童与青少年却只能依赖学校。在这种情况下，对学校的抗拒也成为突出的社会现象，或者说，社会既会把"不上学"问题化，"不上学"本身也会成为社会问题。例如，到了2020年，小学生每100人中有1人、中学生每100人中有4人不上学。《垫底辣妹》这样的流行电影的出现，其实也映射着教育体制背后的社会性问题。

同时，日本社会进入了一个更激烈的竞争状态。高度的竞争现在要求年轻人具备各种新能力，并且也有各种细致的量化指标。如今这些能力已经不仅仅是指学习成绩，而是"非认知性、非标准的"，感情操作的综合能力，结果是造成了"比以往的精英主义更加露骨、更加残酷的精英主义"。

因此，日本社会"没有居场所"的普遍感觉，可以认为是战后所建立的家庭社会体制同时解体的结果。过于依赖的家庭、企业与学校三角结构解体之后，社会并没有产生替代性的多样化结构。

能够自在生活的场所

那么，如何来创造这样的居场所呢？作者对于均一化设计公共空间的做法持有谨慎的批评态度。在一个社会中，居场所应该是人能够放心生活自在自洽的空间。

居场所有非常重要的一个层面，即意味着在主流观念与生活方式之外的可能性，其意义中始终包含着为少数群体或弱势群体所能开辟出的空间。在这一方面，作者对所谓"自立"的社会观念和福利原则进行了反思。伴随着"企业、家庭、学校"三角结构的解体，日本社会福利体制从"保护救济"转向了以"自立"为主的生活支援。自立，包含着经济、生活与社会（政治）的三重含义。**但是，狭义的"自立"观点配合着20世纪90年代以后的经济走向被**

逐步强化，将责任完全转移到了个体身上，成为一种被不断放大的"自我责任论"，对年轻人、残疾人、生活困难人员造成了很大的压力。这样的自立观，已经成为束缚人们的自我责任的大网了。

第一，人们认为自立的最大标志是经济自立，而低估了非经济性自立的重要性。例如一个男性作为"家庭主夫"即使承担着更多的家务劳动，人们也会因为这个人是男性而认为他没有实现自立。同样，一个单身人士即使能够完成生活中的很多事务，也仍然会被认为是不成熟的。第二，人们也低估了"依赖"的积极意义。尽管社会制度常常是围绕着自立个体来设计的，但事实上人的儿童期和老年期都高度依赖着他人和社会制度。因此作者引述了儿科医生熊谷晋一郎的说法，"自立就是增加依赖对象"。从这个意义上说，自立也就意味着人具有增加社会支持系统的能力。培养儿童或者老人的自立，恰恰也是让他们能够将依赖对象扩展到绝对亲属关系以外。第三，自立始终是指依赖正式企业工资来经营生活的方式。但是人们有可能过着一种非体制化的、完全自我决定的生活方式。"共生舍"这样的小型组织，有可能为不能工作的"啃老族"提供了一种新的生活方式，让他们在废弃的学校中合租，即使不出去工作，通过种植蔬菜或打零工，也能维持生活。作者认为，这也是一种自立的可能性，一种完全不去适应竞争主义和资本主义现代社会的生活方式。

由这些论述已经可以看出，作者面向越来越"不婚""少子"的日本社会提出了批评和呼吁。"自立"不等于"孤立"，绝不等于"一个人活着"。**自立是允许人们恰当地依赖家庭、他人和朋友来生活的社会形态**。自立和依赖对于人类来说都是重要的。但是，在越来越原子化的日本社会中，不强迫个人自立或者缓解个人自立，需要得到重视。"不是为了培养一个人能够应对状况的能力而要求一个人孤军奋战，而是建立一个相互联系、相互依赖，同时即使不'自立'也能生存的社会，这才是必要的……如果努力方向还是聚焦到个人寻求实现自立而不是构建一个所有人都能轻松生活的社会，那么人的生存之道就会走到死胡同里"。

更进一步说，假如把"居场所"视为某种必需的公共空间或者社会空间，作者设想公共性的构建基础并不是从"公民"或者"市民"出发的政治理论，而是人的自然感受和自然需求。人的自然属性也不完全是需要克服的非文明化状态，而可以导向审美的生活或艺术范式。如此，人生而为人首先具有的工作、吃饭、休息、享受、爱等日常需求，不应该全部拿来兑换成为优绩社会中的业绩、财产与地位。"社会应有的状态不是只有在一个人满足'公民'和'市民'的条件之后其存在才能得到认可，而应该是一个即使没那么了不起、平凡的'我'作为人也能够生存的社会"。这样的观点当然也是可以反驳的，因为人的需求满足常常以其公民身份为前提。但是"居场所"的说法,其意义在于提示人们,平凡人还具有一些需求,也可以说是人有平凡的需求,生活的需求。创造居场所,说到底,就是指在时代浪潮中,重视创造人们能够共同放心生活的场所,而不仅看重发生竞争、斗争或协商的地方。重视这样的观点,或许对于今天的全球社会来说都具有重要意义。

前言

"居场所"指的是某个人"所在的地方"[1]。原本只有这层意思，但是当一个学生换到新的班级之后，如果不能融入，就会感觉"在这个班里没有居场所，想回到去年的班级里"。如果一个人求职或者婚恋不太顺利的话，就会认为"自己得不到任何人的认可，也许在社会上也没有居场所"。或者当我们与久未谋面的老朋友们相见热闹一番的时候，会对朋友说"还是和某某在一起能放松身心，你就是我的居场所！"在日常生活的各种场景中，大家脑海里也许浮现过、表达过居场所这个词。大街小巷中播放的流行音乐中也有这个词（桌游"狩歌"是这样玩的：用一副纸牌，上面写有流行歌曲

---

[1] "居场所"是一个日语词汇，在中文语境中接近"容身之处""心灵栖息地"的意思，但如下文所阐释的那样，这个词在日语语境中有较为丰富的意涵，故直译为"居场所"，特此说明。——译者注

歌词中可能有的词汇；然后播放音乐，如果歌词中出现纸牌上写有的词，就从那些纸牌中拿出这张牌。在"狩歌"游戏里也确实有一张写有"居场所"的纸牌）。政府行政政策中也曾经有过"创造居场所"这样的表述方式，我们日常生活中也时常使用"居场所"这个词。

"居场所"这个词，会被使用在"没有居场所"这种表达方式中，是经常用来表达人们生活艰难和孤独的词汇，拥有居场所就像得到公民权利一样艰难。"没有居场所"这种感觉是个人自我存在的问题，与此同时，也是社会环境造成的社会问题，同时也是社区问题。人类是存在于社会中、具有关系性的存在，正因如此，如果社会逼仄，令人难以喘息，就会让人失去居场所；相反，如果一个人能够感受到来自社会的认可，就能找到居场所。而且，为了把社会打造成一个人类能够生活下去或者更容易生活的地方，各方也在推进"创造居场所"的行动。

存在一部分是由当事人的认知所决定的主观性感受，但是社会能做的是创造具体的场所和搭建框架构造等客观的、具体的举措。"居场所"这个词所指的内容是多种多样的，虽然如此，但日本社会对其所指的意思有着一定共识。

"居场所"一词虽然有着各种各样的使用方法，但是其意义之所以被认知与理解，是因为人们多多少少对"没有居场所"这种感受,以及确认自我实际存在的感觉,有些共通的体会。"没有居场所"这种感觉之所以能够得到某种程度的共识,并不是因为个人主观上感到孤独,而是因为社会氛围和现状让人们感到孤独。那么是社会中的什么因素让人们产生那样的想法呢?这是我在这本书中思考的问题。

"居场所"这个词,指的是能够确认自我存在的场所,在这层含义上与同一性有着很深的联系;在让人们于社会中找到各自的居场所这一点上,"居场所"与认同和所属的概念也有关联。无论是同一性还是认可,几十年来人文科学、社会科学领域都将其作为重要概念而进行讨论。居场所在与这些概念密切相关的区域得到讨论,它既是我们具体思考日常生活的关键词,同时也已成为解读现代社会的理论性关键词。

因此,首先在本书的第一部分思考的是居场所是什么。在这部分对以下内容进行论述,即明确人们是如何理解居场所的,社会要求人们追求存在证明的同时也带来了生存困难,夺走了人们的居场所。在此基础上,第二部分从年轻人自学校进入社会、家庭形式变化和时代变化、女性社会参与的角度探讨居场所在社会中逐渐演变成问题的背景。但是,仅仅考察让人们感到"没有居场所"的社会机制也无济于事。生活在总让人感觉难以喘息、没有居场所的社会中,对任何人来说都是很痛苦的。在怎样的条件下,才能够构建出有居场所的社会呢，通过思考这个问题，来应对自己感受到的孤独和生活困难，探索在社会中能够生存下去的道路。因此，在第三部分中，通过一些反例，探索一种社会的方向，在这样的社会中人类不仅可以通过顺应、适应社会这种方式去确保自己的居场所，而且即使不过度迎合社会，大部分人也能拥有居场所。

在"没有居场所"的社会结构中，仅仅考虑顺应、适应那样的环境谋求生存下去的方法，现代人的痛苦依旧不会有所改变，因为社会仍然让人们觉得"没有居场所"。居场所就此成为思考现代人生活时的关键词。社会若变得不再孤独，更加容易喘息，感到"没有居场所"的人就会减少，这样可能也就根本没必要考虑居场所。就让我们一起启程去构想拥有居场所的社会吧！

目　录

第一部分　居场所与认可

第一章　为什么要思考居场所?

要求"居场所"的时代　///　004

居场所是什么?　///　006

种类不断扩展的居场所　///　009

对第三空间的关注　///　011

学校的"过度居场所化"　///　013

从儿童·青少年援助角度解读"居场所的杂乱化"　///　015

民间开展的创造居场所的实践　///　020

不断扩大的居场所式的援助——居场所与创造居场所之间　///　022

制度化的居场所所摧毁的东西　///　025

真正想实现的是什么呢?　///　027

第二章　寻求存在证明的社会

谋求同一性认同的我们　///　030

青年期与同一性　///　034

必须不断进行存在证明的现代　///　036

　　　　支撑"不确定的自己"的亲密关系　///　038

　　　　同一性在多种场合中的区分使用　///　040

　　　　持续一生的"××活动"　///　043

　　　　不能割舍的同一性的认可　///　045

　　　　不是"拥有"而是以"是这样"来看待自我与他人　///　047

　　　　同一性的异化倾向　///　049

第二部分　逐渐不稳定的生存基础

　　第三章　从学校到社会的转变

　　　　将无缝转变当作标准——日本青年的转变流程　///　056

　　　　"战后日本型青年期"的解体加强了对家庭的影响　///　059

　　　　脱离学校后的风险加大　///　062

　　　　被要求的各种"新能力"　///　067

　　　　要求不断逐级证明能力的社会　///　069

　　　　年轻人被迫进行无法从头再来的竞争　///　071

　　　　就业去向及劳动环境的恶化　///　072

　　　　自己对风险社会中的转变负责　///　075

　　　　年轻人面临的围绕"工作"的纠葛　///　077

　　　　只有很少年轻人能够顺利实现"从学校到社会的转变"　///　079

　　第四章　不断改变的家庭形式

　　　　家庭为何物　///　084

　　　　不婚者的增加　///　084

　　　　多种多样的伴侣关系的蔓延　///　086

　　　　性少数群体的伴侣关系　///　088

　　　　浪漫爱意识形态的动摇　///　089

结婚夫妻的"后来" /// 091

婚姻是看爱还是看钱（现实）？ /// 093

国家、企业的管理和对国家、企业的贡献 /// 096

如何看待性少数群体的婚姻 /// 099

要求家庭具有什么作用呢？——家庭功能的向外迁移和仍有的照顾功能 /// 100

超越家庭幻想 /// 102

第五章 女性被摆布的生活方式

女性之间、男性之间观念、境遇的不同 /// 108

存在一种作为母亲、妻子而生活的社会规范 /// 111

被"援助"的都是怎样的人？ /// 113

什么是女性"（被认为的）理想的生活方式"？ /// 117

女性与社会参与 /// 118

女性生活方式产生的纠结状况 /// 123

因为被排除在劳动市场之外，不得不囿于家庭 /// 125

兼顾家庭和工作的女性所面临的生存困境和可能 /// 126

打造属于99%人群的女性主义 /// 129

第三部分 为了过上有居场所的生活

第六章 只是作为人而发声

我们的生活与"社会的理所当然"的关系 /// 136

人们通过发声联系在一起，社会通过发声而改变 /// 137

"被当作不存在"是不能忍受的 /// 141

在无意识当中进行的"抹除""非现实化" /// 143

不安会夺走我们对他人、对世界的关注 /// 146

　　　　拥有能够放心对话的场所　///　149

第七章　必须自立吗？

　　　　自立是什么？　///　154

　　　　自立、自律、自助和依赖　///　156

　　　　自立和依赖被任性地定义　///　160

　　　　自立是应该追求的绝对价值吗？　///　162

　　　　自立和依赖的共存关系　///　164

　　　　对标准自立画像的抵抗　///　166

　　　　自立论强制造成的不平等　///　169

第八章　为了活出有居场所的人生

　　　　作为平凡的人而活　///　174

　　　　凭借普通方式行不通的理想主义　///　176

　　　　"发出一些声音！"　///　179

　　　　保持微弱的姿态，为了表达一些东西　///　182

　　　　创造"我"所认为的必要场所　///　185

　　　　不断创建微小的"居场所"　///　189

　　　　不断进行认真沟通，与此同时创建居场所　///　193

　　　　不要害怕被嘲笑　///　195

书　　单　///　198

结　束　语　///　207

参考文献　///　210

第一部分

居场所与认可

第一章
为什么要思考居场所?

人类很容易被光明遮蔽双眼。为了能够凝视夜晚的黑暗,必须置身于光明之外。

(长田弘:《世界很美》,美篶书房,2009年,第81页)

要求"居场所"的时代

2020年之后的日本社会变成了与以往不同的形态。在此前的生活中，与他人有联系是充实幸福生活的指标之一，也是人们应当追求的一种价值。但是，在2020年之后的日本社会中，与人交往的活动被压缩到最低限度，而且是小心翼翼地进行。人们的基本原则是尽量待在家里，减少接触家人以外的人。因此，不仅日常生活中微不足道的互相接触有所减少，日本儿童和年轻人与各种各样的人接触的机会也有所减少，从中不断试错而有所成长的机会也急剧减少，认真与人交往仿佛已经成为不能大声张扬、而要心怀愧疚去做的奢侈事情。

在日本政府发布紧急事态宣言[1]期间（特别是2020年），大学课程转为线上授课，与以往相比，大学生进入大学校园的机会减少。与此同时，大学生的朋友聚会、加深沟通的机会也有所减少。他们梦想有朝一日过上梦寐以求的大学生活，但是进入大学之后的生活却很少能满足内心的期待。

在商业街，商家为了控制人流选择歇业或者缩短营业时间，寻求与人交流的人们以及把街头作为主场的儿童和年轻人失去了居场所。尤其是年轻人，他们拥有充足的时间去维系、建立与他人的朋

---

[1] 日本政府应对新型冠状病毒蔓延的举措。——译者注

友关系，积极参与社会活动，并倾向以此为基础重新构筑自我身份认同，所以一旦相关渠道被关闭，他们将失去居场所。

在这样的情况下，容易处于孤立状态中的人会更加容易陷入孤立状态，也更容易失去社会中的居场所。这显著体现在了自杀人数的增长上。2020年日本的自杀人数时隔11年再次增加。特别是20—30岁的年轻人，自杀人数从2019年的2117人增加到2521人，2021年日本自杀人数继续增加，达到了2611人。

本书书名中的"居场所"，很多时候被理解为社会上的容身之处，同时也是精神上的依托之所。

"居场所"这个词原本仅仅是指"所在的地方"，除此之外并没有其他特别的意思。但是，现在很多人就此联想到的是"能够保持自己真实样子的地方""能够放松的地方"。

人们之所以产生这样的印象，是因为20世纪80年代，为了让无法正常上学的儿童在白天有可去的地方，自由学校、自由空间登上历史舞台，"居场所"这个词开始在这些活动中使用并逐渐传播开来。

以前，无法正常上学的儿童在白天基本没有可以放松身心待着的地方。为了解决这些儿童"无处可去"的问题，自由学校、自由空间为他们提供了能够安心以真实、自然状态待着的地方。可以说，用"居场所"这个词来描述这些地方再合适不过。

之后,"居场所"这个词开始在不同的语境中,被广泛用于不同人群和各类场所。在此背景下,随着社会流动性的增加,我们所属的场所以及与他人之间的关系发生变化,人们内心开始对"个人如何保持自我身份认同""要从哪里获得身份认同"这些问题产生疑虑。因此,人们对"能够确认身份和获得身份认同的居场所"的关注日益高涨。

现在,日本人生活在新自由主义社会中,一方面能够按照自己喜欢的方式自由生活,另一方面,则要对自己选择的结果完全负责,也就是说日本人生活在对自我负责的社会中。

这种自己构建自我的生活方式衍生出了一种孤立的生活方式。它既是自由的,也是孤独的,难以感受到依靠和归宿。对于这种孤立的、自我负责的社会形态来说,"居场所"这个词反映了人们希望在不被孤独和不安困扰的同时,能够切实感受到归宿并有生活下去的愿望。同时它的存在也是对这种社会形态的反思,即"当下的社会形态很不正常"。

居场所是什么?

心理学、教育学、精神分析学等各学科领域对居场所都有所讨论,但是目前最常用的是社会教育学者萩原建次郎对居场所的定义。

①居场所和"自我"存在感共同存在。

②居场所诞生于自我与他人相互认可的关系中。

③在互相认可时产生的自我，向他人、事、物互相渗透，向外扩展。

④同时，它不仅是在世界（他人、事、物）上自我位置感知的获得，也是人生方向的形成。（萩原，2018：111）

萩原对居场所的定义，被强烈赋予了心理层面的意义，可以说是非常现代的定义。

接下来，我要对居场所的其他论述进行概括总结。我曾经整理过居场所的理论框架和种类，我就以此为基础来探讨居场所的概念（阿比留，2012）。

定义居场所的理论框架大致可整理为以下三个方面：①主观/客观的认可；②与他人关系的有无；③空间性的有无。

①中提到的"主观/客观的认可"指的是本人是否认可某个场所是自己的居场所，或者第三方是否客观地承认某个场所是那个人应该存在的地方。前者可称之为主观的居场所，后者可称之为客观的居场所。例如，有人在自家自己的房间感到最轻松，对他来说那里就是他主观的居场所。此外，有人在经常光顾的咖啡店感到很舒适，有人非常喜欢学校，对他们而言，咖啡店和学校就是他们主观

的居场所。与此相对，所谓客观的居场所，指的就是第三方客观地认可那个人应该存在的某个地方。学校、公司客观上保障了学生、员工在那里的成员身份，从这种意义上来说，这些场所都可以称之为客观的居场所。

②与他人关系的有无这个方面可分为两个极端，一是由于与他人有关系而形成居场所，二是正因为与他人没有关系而形成居场所。前者的典型例子就是学校的社团活动、小组、班级，这些地方正是由于存在与他人之间的关系，所以才成为居场所。与此相反，离开学校或者公司，回到自己家中或者自己房间之后，会自然而然放松下来，正因为这些场所中不存在与他人的关系，或者说淡化了与他人的关系，所以这些场所成了居场所。与他人之间有关系的好处是，自我存在由于他人而得到认可，自我身份能够得到确认。但是，其并不只有优点，同时也会让人陷于某种紧绷状态，所以人们通过同时拥有与他人无关的居场所，能够实现紧绷与松弛的双重状态。

③空间性的有无这个方面指的是某个人的居场所是否有物理空间。居场所并不只局限于拥有学校和自家这样的物理空间。朋友关系等关系并不一定会限定于特定的空间，例如学生时代朋友交往以学校为主要场所，毕业之后会在咖啡厅或者彼此的家里见面，有时

候还会通过邮件和电话联系。也有不少人将社交媒体等互联网空间当作居场所。

种类不断扩展的居场所

但是，在当今21世纪，③空间性的有无有着非常复杂的部分。上面所列举居场所的例子，如学校、公司、自家、自己的房间等都是物理空间。与此相对，人际关系、互联网以及社交媒体这些线上空间与书籍以及空想世界是不具备空间属性的居场所（与场所无关）。

亲属关系和朋友关系经常超越家庭和学校等这些具体的物理空间，是人们自我认可、不懈努力的源泉。例如，不少人会把努力的朋友当作榜样，在考试、社团活动、工作困难的时候鼓励自己说"某人非常努力，所以我也要努力"等。让人那样想的人和物，也可以说是那个人的居场所。

也有人在书籍、漫画以及游戏中找到了自己的居场所。沉浸在书籍、漫画以及游戏中的时候，能够忘记现实中的烦恼、忘记自己、沉浸到另一个世界中去，放松身心的同时，解放自我，在其中找到居场所。有时，人们并不是品味、欣赏的一方，而是作为创作者，将那个世界作为居场所。例如，《安妮日记》虽然是少女安妮·弗兰克以给假想朋友吉蒂写信的方式记述的日记,但对安妮来说,日记和假想朋友吉蒂是她能够吐露真情的居场所。《安妮日记》记录了德裔犹太人安妮·弗兰克在第二次世界大战中,从1942年到1944年被纳粹逮捕之前的两年里,在荷兰阿姆斯特丹的日常生活。安妮为了避免暴露自己犹太人的身份,每日小心翼翼地生活,可以说日记对她而言,成了她唯一能够自由表达自己的居场所。有些人虽然不像安妮·弗兰克那样处于极端困境之中,但当在家庭、学校或工作中感到没有居场所时,也是在幻想中找到了自己的居场所。

此外,在思考不具备空间属性的居场所的时候,当今不得不提的是社交媒体,如Twitter、Instagram、Facebook(如果是在21世纪初,其中还会有Mixi)、Note和YouTube。除社交媒体之外,在线游戏、论坛、导航网站等虽然不具备空间属性,但也已成为人们(特别是年轻人)日常生活中的重要居场所。

此前,在谈论Twitter的时候,一位学生说自己有好几个账号(也就是所谓的"多号""小号"),"像呼吸一样发推文",并通过推文的点赞和转发等回馈来认可自己。

另一位年轻人沉浸在网络游戏中,每晚都会和通过网络结识的伙伴相约在游戏中,一直玩到凌晨4点。在网络中,他们使用昵称,能够成为理想的自己,拥有与现实世界不同的人际关系,网络游戏就会逐渐成为他们的居场所。

实际上，在学校、公司、地域中的人际关系，也与网络世界相互关联，所以并不能简单地通过空间性的有无来划分居场所。日常生活中，人们即使物理上只能在有限的时间里相聚在一起，也会通过社交媒体来确认和朋友、恋人相连的感觉。元宇宙和VR（虚拟现实）也带有现实的色彩，也许在不久的将来，身处不同地方的人们，在日常生活中能够在感受空间与身体的同时共享时间。在这种情况下，现如今空间性的有无、现实非现实的界限也会变得模糊不清。但是，作为拥有肉体的人类，是否有栖息肉身的空间，也依旧是今后思考居场所的一个重要框架。

对第三空间的关注

在城市社会学中，空间分为第一空间、第二空间和第三空间。第一空间指的是家庭或者家人，第二空间指的是职场和学校等，是在白天能够通过所从事的活动获得报酬或者知识的生产性场所。第一空间——家庭和家人是人们要回归的地方，而第二空间则是需要前往或者往返的地方。

与此相对，第三空间既不是家庭，也不是职场、学校，而是非正式的公共聚集场所或者地区（奥尔登堡，2013）。

在第三空间打造居场所逐渐被当作一个话题,这样的背景源于以前具有强影响力的第一空间——家庭,以及第二空间——职场和学校逐渐变得不稳定,地域性社区和公共场所的作用再次受到人们的关注。

现代化的过程中,产业结构的转变,职住分离的推进和地域人口的不断流动,造成了地域性社区内部的联系逐渐弱化,人们越来越重视私人世界。与此同时,作为第一空间的家庭和第二空间的学校(成人对应的是职场)影响力逐渐增强,地域作为第三空间,其存在感逐渐淡化。

人们削减了在地域团体的非正式社交时间,把时间投入自己和家人身上,但其结果就是减少了社会联系,同时也减少了社会关系资本,生活也变得更加封闭。可能有人会说随着在地域性社区社交时间的减少,与之相对,家庭和职场内部的纽带可能会增强,但事实并非如此。完全不组建家庭的人越来越多,家庭的不稳定性逐渐增加,即使是在工作单位(即便花费在工作上的时间有所增加)也无法形成持续性的社会联系(比如在员工旅行中开展过家家式的交流等,这是如今显著减少的文化)。人们的生活与以前相比,变得更加孤独且不稳定,社会的分裂不断加重,合作互助变得更加困难。地域性社区中的非正式联系,曾有助于维持社会联系,塑造民主主义社会,乍看无用的地域性社区的非正式社交曾带来巨大的功效（帕特南，2006）。在家庭和职场的往返途中无法遇到各种各样的人，但是在第三空间的社交可以使其成为可能。并且能让人们的生活充满新鲜感，维持心理健康，恢复活力，还有助于结交朋友，度过快乐人生（奥尔登堡，2013：98—130）。

正因为现代社会往往有将人推向孤立的倾向，所以人们认识到了在地域性社区中拥有居场所的重要性，第三空间也因此受到关注。

学校的"过度居场所化"

现实中，由于当今家庭主义依然盛行、工作越来越忙、地域性社区也在不断衰退，实际情况是儿童所接触的社会集中在家庭（私人社会）和学校（公共社会）。这就造成了一种结果，对孩子来说，学校变成唯一公共居场所的可能性越来越大，随之而来的就是学校"过度居场所化"的风险。

"过度居场所化"指的是，无论是客观上（物理的、时间的、团体性的），还是主观上过度地将某个场所当作唯一的居场所，处于对那个场所依赖程度过高的状态。如果拥有多个居场所，每个场所所具有的约束力和影响力会比较弱。但是，如果某个特定场所的约束力增强，从那个场所退出的可能性就会变得很小。为了维持那个居场所，人会被夺走物理能力和心理能量，从而没有余力获得或者维持其他居场所。其结果就是，一个人能够拥有的居场所就会在数量上变得过少。而且，由于居场所的数量很少，为了维持现在所拥有的居场所，就会陷入一个沉浸在那个居场所里的恶性循环（阿比留，2022：16—25）。

上述居场所"过剩"和"过少"的情况都会减少对居场所的选择。而且，当某个地方不再是居场所的时候，那么这个人不仅会失去一个居场所，还会面临失去所有居场所的风险。

例如，笔者所知道的某个原来不能正常去上学的孩子，在没上学的时候因为也能够在地区创办的"儿童剧场"[1]见到朋友，所以并没有那么孤独。与此相对，在必须去学校的压力下，如果努力维持在学校的朋友关系和一定程度的学习成绩，将全部精力倾注在把学校当作居场所这件事情上，就没有精力开展学校以外的事情了。这就造成这样一种后果：如果在没有实际感到让人安心的归属感的情况下，依然把时间和精力都投入学校，孩子一旦不能正常上学的时候，就变得无处可去了。

学校的"过度居场所化"就是，当学校是"想待"和"能待"的场所时，乍一看好像没有什么问题，但是如果失去任何一个条

---

[1] 儿童剧场是20世纪60年代开始的亲子文化运动之一，是观看现场表演，开展自主社团活动的运动。

件，就会产生"哪里都没有居场所"的状态，这是非常危险的。此外，由于校园种姓制度[1]和霸凌的问题，当在学校的序列被定位为个人序列时，也会产生一个问题，即没有方法对一个人做出更加客观的评价。

不同家庭的贫富差距和贫困衍生的连锁反应逐渐成为问题，在此过程中，人们认识到地域中需要充当各种第三空间的居场所，2010年后，开始广泛开展如"儿童食堂"和"学习援助"等创建居场所的工作。在这些工作中可以看到居场所多样化的可能性。但是，与此同时，我们不能忽视它们的负面性，即孩子的居场所正从"一种天然的居场所"，从一种由孩子自己创造的居场所，变成"被（大人）创造的居场所"。

从儿童・青少年援助角度解读"居场所的杂乱化"

在展示了居场所的理论框架之后，接下来让我们看一下围绕儿童、青少年开展的居场所的实践吧。正如开篇所说，人们对居场所产生如今这种印象的开端来自不能正常上学的孩子们所去的自由学校和自由空间。除此之外，围绕儿童、青少年居场所开展的不同

---

[1]在日本学校封闭的学生组织中，依据社交能力、人气等因素而产生的阶层构造。——译者注

实践，在不同的意图之下，由不同的执行者不断地推进。通过观察实践的开展过程，我们可以发现围绕居场所的实践是多么的杂乱化（所谓杂乱化，原本是用来解释城市市区无计划开发，周边地区因而也被不规则、无序开发的现象，但不仅是城市开发，在解释以缺乏秩序、平衡、目的、意图的形式开展某种事情时也会使用）。

20世纪80年代，日本开始出现自由学校、自由空间，这些地方让无法正常上学的孩子白天有处可去，可以说是开启了与孩子不想去、不能去的学校之间的对抗性实践。但是，尽管居场所这个词汇因与学校的对抗性实践而出现，但到了20世纪90年代，学校也开始使用居场所这个词。

具体来说，1992年日本文部省[1]的不适应学校对策调查研究的合作人员会议发布了《关于拒绝上学（不上学）问题——以建立儿童学生的"心灵居场所"为目标》的报告。这个报告中提到，不仅要在年级、保健室等各个层面上将学校打造成儿童与青少年的居场所，还要超越单纯的物理空间，将学校打造成心理上的居场所。因此，不上学的儿童、学生们诘责学校说"如果在这样的学校没有居场所的话那就真的无处可去了！"可以看出这里出现的居场所一

---

[1] 日本中央政府行政机关之一，负责统筹日本国内教育、科学技术、学术、文化，及体育等事务。——译者注

词，再次回归了学校的语境。

而且，从20世纪90年代后期到21世纪初，日本家庭和地域的教育实力下降，不同年龄、不同辈分的学生之间的联系减少，在此过程中，无论是地方层面还是国家政策方面，都在推动在地域内设立儿童、青少年居场所的举措。在国家政策层面，最初将居场所这个词使用在政策中的是围绕"地区儿童教室推进事业"（2004—2006）而实施的"儿童居场所建设新计划"。以此为开端，之后居场所这个词屡屡出现在政策之中。

而且，在2000年的日本社会福利基础构造改革以后，虽然政府接连推出了为青年提供生活保障、促进生活困难者自立的政策，其中就将居场所事业定位为使援助更有实效的手段。被称为"家里蹲"和"啃老族"的年轻人逐渐成为社会议题，在此过程中，继2003年内阁、经济产业省、厚生劳动省、文部科学省推出"青年自立·挑战计划"之后，还相继实施了青年自立塾（2005—2010）和地域青年援助站（2006—）等青年自立援助措施，但是，这些施策中大多把居场所事业定位为重新包容青年的手段。

从21世纪开始，儿童学习援助在日本全国各地迅速推广开来，而且无论是政策方面还是实施的团体方面，都强烈意识到儿童学习援助的重点是儿童的居场所。因此，如果我们看一下学习援助的介绍，就可以看到很多场合都在使用居场所这个词。

厚生劳动省颁布的生活困难者自立援助制度中的"生活困难家庭儿童的学习、生活援助事业"说明中，也解释说学习援助是"创建学校、家庭之外的居场所"[1]。

之后，根据2010年4月开始实施的《儿童·青少年培养援助推进法》制定的《儿童·青少年展望》（2010年7月）中，为有困难的儿童、青少年创建居场所以及创建放学后的居场所被放到突出位置。最新的《儿童·青少年培养援助推进大纲》（2021年4月）中写道："以建设所有的儿童、青少年能够得到居场所，能够成长、积极活动的社会为目标，在促进儿童、青少年表达意见和参与社会的同时，举全社会之力帮助儿童、青少年健康成长。"自《儿童·青少年培养援助推进法》实施以来，可以说居场所已经成为政策的关键词之一。

在地方层面，从20世纪90年代开始，日本各地方政府就不断实施为儿童、青少年创建居场所的举措。[2]其中既有政策和机

---

[1] 厚生劳动省，《对有关生活困难人员自立援助形式等论点进行整理的研讨会（第三届）参考资料2 关于防止贫困连锁反应（儿童学习、生活援助事业等）》，2022年3月24日，https://www.mhlw.go.jp/content/12000000/000917190.pdf。

[2] 例如，2000年出版的久田邦明编著《儿童与青年的居场所》（萌文社），此书中介绍了20世纪90年代开展的青少年中心和公民馆的居场所实践。

构，也有在公民馆等地使用居场所这个名称施行措施、创建空间、举办讲座等举措（儿童馆学童保育21世纪委员会，1995；久田编，2000）。

当前存在以下这些以青年为对象，以居场所为主题，长期积累实践的机构和项目。例如，京都市的南青少年活动中心（2001年由南勤劳青少年之家改名而来）与在京都市的7所青少年活动中心都以居场所为主题来运营机构。在东京都狛江市中央公民馆开设的狛江市青年教室（通称狛PU）中，居场所被描述为"治愈的秋刀鱼（时间、空间、伙伴这三个MA[1]）"（西村，1997）、"Asyl"（德语"避难场所"之意）、"自由空间"（西村，2003）、"培养兴趣、培养伙伴、创造居场所"（狛江市公民馆，2021：19）的场所，从20世纪90年代到现在的21世纪20年代，政府以打造年轻人的居场所为目标不断举办活动（榊原，2000，2003；狛江市公民馆，2021）。

行政主导的居场所在实践的物理层面具有以下特点：从20世纪90年代后期开始，以市区为中心，建立了以"居场所"和"地域活动据点"为名的青少年机构。从20世纪90年代后期到21世纪，政府设立了各种各样的青少年设施，例如东京都杉并区"Yu

---

[1] 日语中伙伴被称为"仲间"，间读作ma，三个ma与秋刀鱼发音相同。——译者注

杉并"（1997—）、岩手县奥州市水泽区"白色画布"（1999年将消防署改造为青少年设施，但由于设施老化，2017年将其转移到了奥州市勤劳青少年家庭的2楼谈话室）、町田市"Ba An"（1999—）、横滨市"Free Flat 野毛山"（2002—2016）、神户市"青年广场KOBE·WEST"（2010—）等，并在上述地方开展了侧重居场所的项目。

像这样在中央、地方政府的社会教育、终身学习的举措中所使用的"居场所"一词，已经超越了学校教育的语境范围，扩展为公共的居场所实践。

民间开展的创造居场所的实践

关注创造儿童、青少年居场所工作的，不仅限于政府的行政举措。从民间的活动来看，在儿童会、儿童剧场、亲子剧场、冒险游戏场（Play Park）、儿童食堂这些场所，不少团体在接受政府行政委托而举办的学习援助等地区活动中，也在使用居场所这个词来做活动介绍。东京丰岛区的丰岛儿童"WAKUWAKU"网站作为儿童食堂的引领者也用"创造居场所"来描述儿童食堂和夜晚的儿童馆活动（天野，2016：170—171）。

这些活动既有非营利组织开展的，也有以町内会、自治会等地缘组织、民生委员、儿童委员为中心的系统开展的，主办方非常多样（这些活动的官方网站上屡屡出现居场所这个词，所以如果有您知道的团体，请一定要浏览它们的主页）。

这样看来，在儿童、青少年的援助中，随着时间的推移，围绕"居场所"而举行活动的领域也有所扩大（自由学校、自由空间→学校→地区），对象群体也在扩大（不上学的儿童、青少年→上学的儿童、青少年→所有场所的儿童、青少年以及再次被当作"课题"的年轻人），活动举办方不仅有运营自由学校、自由空间的非营利组织的工作人员，还有政府行政相关工作人员，如儿童馆、青少年设施的员工、学校教职工，民间员工有儿童文化活动和青少年援助团体的工作人员，甚至还扩展到了地缘组织。在上述居场所实践混乱化的发展中，从居场所这个词中想象到的东西和想要达到的目标都在向多样化发展，与此同时，居场所的概念也是混乱的。

南出吉祥为了整理解读居场所实践的内在本质，提出了由成员范畴（限定性—开放性）和活动程度（休息性—活动性）这两个轴形成居场所的分析坐标系。坐标系中，居场所划分为①放心之地②自由之地③创造之地④参与之地。从图1中也可以看出，居场所这个词内含了乍看完全不同的各种实践（南出，2015：78）。

居场所分析轴

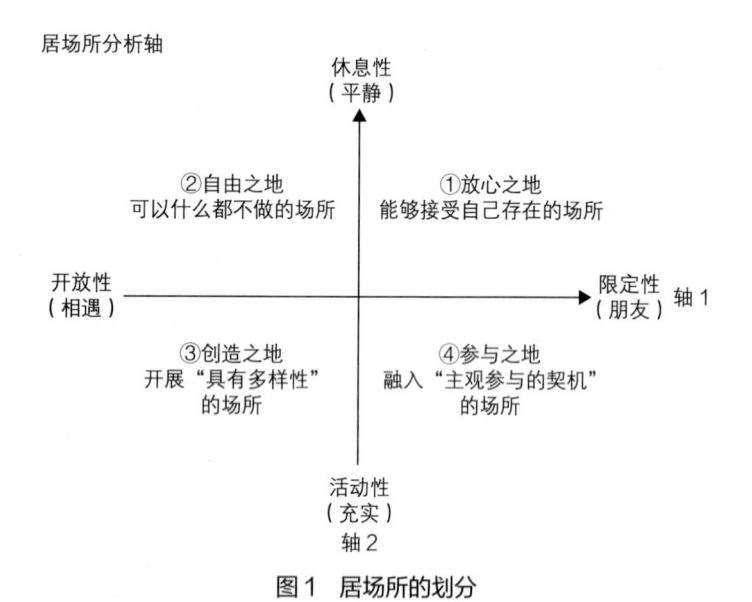

```
              休息性
              （平静）
                ↑
②自由之地        │    ①放心之地
可以什么都不做的场所 │ 能够接受自己存在的场所
                │
开放性───────────┼───────────限定性  轴1
（相遇）         │          （朋友）
                │
③创造之地        │    ④参与之地
开展"具有多样性"  │ 融入"主观参与的契机"
的场所           │    的场所
                ↓
              活动性
              （充实）
              轴2
```

图1　居场所的划分

资料来源：南出吉祥，《"创造居场所"的多种实践的开展和其特质》，《社会文化研究》2015年第17号，第78页。

不断扩大的居场所式的援助——居场所与创造居场所之间

此前，我们回顾了在儿童、青少年援助领域打着"居场所"的旗号不断混乱扩张的进程，但居场所的混乱化并不局限于儿童、青少年援助领域，而是体现在所有领域。

在思考这种混乱化的基础上，还需要考察2000年以后伴随着社会福利基础构造改革而兴起的自立援助与居场所之间的关系。

在社会福利基础构造改革中,"自立"和"自立援助"作为主干,被定位为当事人的自我选择。此后,开始对所有的福利对象开展"自立援助"工作(例如,《流浪人员自立援助法》2002年施行、《残疾人自立援助法》2006年施行、《生活困难者自立援助法》2015年施行等)。

在国家的"自立援助"政策中所定义的"自立"如下。

①经济自立:通过就业实现经济自立。

②日常生活自立:恢复、维持身体和精神的健康,自己进行自我健康、生活管理等,在日常生活中能够自立。

③社会生活自立:恢复和维持社会关系,作为地区社会的一员过着充实的生活。

(厚生劳动省社会保障审议会福利部会,2004)

社会上有困难的人,为了实现经济自立、日常生活自立、社会生活自立,有必要获得"社会性的居场所"。"自立援助"就是在这种思考下被定义的。

对于这种状况,从事面向低收入者社会政策研究的坚田香绪里作出了如下说明。

所谓"社会性的居场所",各地将其建设为援助日常生活自立和社会生活自立的场所,而不仅仅限于就业自立的范畴。儿童食堂以及学习援助事业等也是如此。这些地方致力于对每个贫困人员开展面向个体自立的"贴身型"援助。这样的援助可以让他们获得认可并为其赋能,在这一点上自立援助得到了肯定的评价。但是,与此同时,贫困人员在其生活的所有场合中都被要求自立,也被要求拥有灵活应对各种场合的能力。(中略)当然,其中也有积极的一面,但同时我们也必须考虑的是,这样的援助越是扩大到生活的各个角落,可能就会越来越强调那些即便接受援助也不能"自立"的人、不能灵活运用"能力"的人的自我责任。(坚田,2020:27)

21世纪以来,在对福利受助人员和生活贫困人员开展自立援助的语境中,"不仅要提供就业支持(支持职业自立),还有必要创造一个可以在社会中定位自己的地方。从这一主旨出发,'创造社会性的居场所'已被定位为一个政策课题"(南出,2015:70—71)。被政策化的创造居场所的举措也具有这样一个构造,"即在'新公共'的名义之下,动员(剥削)人与人之间以非正式形式培养起来的关系资源"(南出,2015:86)。

老年妇女在完成公司工作、抚养孩子、照顾老人等职责之后,还和邻居互相交往,每周互相走访串门,一起吃饭或者吃零食,聊聊近况，享受舒适时光与环境，这些也可以说是她们的居场所，即培养成的一种非正式的人际关系。当市井百姓之间出于对彼此的体谅自然而然创造出的居场所被置于政策的语境中，并被定位为"公共"的内容从而转化成为政策时，之前在非正式领域以未被市场化的形态存在的社会关系资本就会转移到正式领域。而且，如果将其作为公共事业委托给民间，也就是将本该由政府负责的事情委托或者甩手给民间，从这种意义上来讲，就是将公共事业解体并任其在市场化环境中发展。

制度化的居场所所摧毁的东西

根据教育社会学家新谷周平的说法，居场所还有着这样一层含义，即"无论是在精神层面还是在物理层面都没有'居场所'的少数群体发出的诘责"，在要求适应单一价值观的社会中，居场所在创造新的场所，开启多元化社会这一点上有着实践性本质的内容（新谷，2012：233—234）。

确实，自由学校和自由空间是作为因无法上学或不想上学、不能正常去学校的儿童的居场所而出现的。它们的出现让人们明确认识到确实有不能正常去学校的孩子，当社会强制他们去适应他们不能去或者不想去的学校时，他们会向这样的社会提出异议。同时，也会通过创造一个与学校不同的地方，来创造一个多彩的多元化社会。但是，居场所所具有的这种对抗性，即来自少数群体的"诘责"还有另一面，就是官方可能通过规范化这些冠以居场所名义的活动，将其抹杀，使其失效。

我个人在初中的时候失去了父亲，靠着奖学金读完了高中。初中和高中的时候，周围的朋友都没有类似我的这种经历，所以我就感觉"无处可去"，这种感受类似于现代的"没有居场所"。虽然内心觉得无处可去，但是我很抗拒别人在知道我的遭遇之后觉得我"很可怜"，也不希望别人对我说"我懂你"。

我一直在寻找一个只是出于对阿比留久美感兴趣而与我相处的人，而不是因为我是单亲家庭的"可怜"孩子而照顾我的人。但实际上后者的存在确实帮助了我。"援助"往往在人与人之间划出一条界线，将人强行归为某一个种类，固化援助者和被援助者的立场。初高中时，我并没有那么清晰地意识到这一点，但我对以这种方式被"援助"的立场有着强烈的抗拒感。

贫穷并不可耻，一无所有也不可耻。如今我已经学习了人权、教育和福利，所以我是这么认为的，但是我们应该铭记于心的是当事人很容易将其当作流于表面的敷衍。虽然有善意的活动总比没有好，但是当它们以"帮助"的形式进行时，也会成为损害个人尊严的、危险又脆弱的东西。善意的"援助"在其构造上是带有暴力性的,这是参与"援助"和制定决策的相关人员必须时刻牢记的一点。

真正想实现的是什么呢？

在上文中,我们通过儿童和青少年的援助案例探讨了什么是居场所。许多人都在思考居场所的重要性,并致力于创造居场所,也明确了因将其作为政策课题而产生的问题点。

也就是说,作为政策课题开展创建居场所,并不是要实现"让当事人将某个地方当作居场所",而是要通过"向没有居场所的人提供居场所这种手段,让他们达到各种目标"。

如果将居场所当作是个人存在的问题,即使有人对你说"这是你的居场所哦",它也不会成为你的居场所。不存在"指定的居场所"这样的东西,它是既定事实之后的结果,即个人认为"这个地方是自己的居场所"。

因此,也许可以说,从创建居场所开始,也就激活了类似"围绕居场所的莫比乌斯环"这样的东西。

实际上,随着社会的流动,个人从属关系变得更加不稳定,在此过程中,我们每个人都在寻找自己的居场所,并对"居场所"这个词产生反应。因此,当有人说"你还是需要一个居场所的吧",

我们可能往往会同意，但是一个由于社会需要而创造出来的居场所对当事人来说是否意味着真正的居场所，这一点还有待商榷。

需要一个居场所，这种感觉是现代人自然而然的共识，但是通过"居场所"这个词我们想要真正实现什么，想要创造一个什么样的社会，对于这件事我们的大脑还是一片空白。或者说不同的人有不同的想法。本书中，我想对围绕居场所的错综复杂的情况进行抽丝剥茧。

第二章
寻求存在证明的社会

  我们想要积极证明的是"自己是拥有一些价值的人类"。我们难以忍受不能向他人和自己证明"自己"的价值。这正是人们沉浸于存在证明的原因。

（石川准：《同一性·游戏——存在证明的社会学》，新评论，1992年，第15页）

谋求同一性认同的我们

什么是同一性？同一性（Identity）通常被翻译为自我同一性、存在证明、自我特色、身份认同等。

但是，有很多人对这个翻译会有一种感觉——好像解释了却又没解释、好像明白了却又不明白。同一性是指能够将自己与其他人区分开来，确认（Identify）自我存在的要素。

关于同一性，社会学家石川准是这样解释的。虽然有些长，但是因为简单易懂地解释了同一性所表示的东西，所以我来介绍一下。

> 在同一性中，包含了从"我"之外区分"我"的一切"我"所具有的特征。"我"的身体特征、年龄、性格、经历、头衔、想法、价值观、审美意识、民族、人种、母语、日常充当的角色和联系等，将自己与他人区分开来的独特性，全部构成了"我"的同一性。此外还有很多同一性，在此我们不能一一列举。其中，既有成为人生存在理由的重要内容，也有只有边缘性意义的无所谓的内容。既有自信的源泉，也有让人感到羞愧的内容。既有已经公开的内容，也有保密的内容。但是，总之，将这些全部包含在内就成了"我"。也就是说，"我"就是同一性的集合，是同一性的捆束。（石川准，1992：14）

所谓的同一性，就是自己认为自己是怎样的存在，加上周围的人和社会认为自己是怎样的存在，同一性是受到这两部分影响形成的。

例如，假设有一个叫玛莎的大学生，她21岁，来自关西，在东京上大学，有着开朗大姐的性格，担任社团秘书长，朋友很多。是女同性恋者，她恋爱对象是女性，但是考虑到自己公开出柜时朋友的反应以及之后可能带来的影响，一直没能公开出柜。同一个社团里虽然有喜欢的人，但是不仅害怕在表白的时候被喜欢的人拒绝，还担心可能不能继续在社团里待下去，所以没能表白。现在也依旧如此，没能向喜欢的人表白，所以从来没有过恋人，但是因为自己（看起来）是无论对什么事情都很积极开朗的性格，所以朋友认为自己颇有恋爱经验，经常来进行恋爱咨询。每次参与朋友的恋爱咨询的时候，内心都会想"其实我根本就没有谈过恋爱……"但是不想辜负向自己咨询恋爱的朋友的期待，就一直没能把自己没有恋爱经验的事情说出来。

这个时候，玛莎就有这些同一性：东京的大学生、来自关西、21岁、女性、开朗大姐一样的性格、社团秘书长、女同性恋、没有恋爱经验。正如文化研究之父斯图亚特·霍尔（Stuart Hall）所说的那样，"同一性绝对不是单数，而是各种各样、经常交叉、横跨对立的言论、实践、位置，是由多种多样的因素构成的"（霍尔，2001：12）。周围的人虽然知道玛莎是东京的大学生、来自关西、21岁、女性、开朗大姐的性格、社团主席这些部分，但是不知道她是女同性恋、没有恋爱经验这些事情。对玛莎来说，在同一性中女同性恋占据着重要部分，这对玛莎来说非常重要，而且正因为玛莎将社会对女同性恋的目光内化于心，所以很难公开这一点。而且，由于不能公开自己是女同性恋，所以就不能对周围的人坦白自己没有恋爱经验。此外，被周围的人视为开朗、大姐姐般的典型"关西人"，虽然不断展现这一点的背后隐藏着某种矜持，但实际上也会导致自己只能在重要的事情上不断默默地烦恼。对于玛莎来说，不管是身为"关西人"的自己，还是那个因不能和周围的人商量而烦恼的自己都是他人眼中的"自己"。

在此，我们试着用沟通心理学中所使用的"乔哈里视窗"理论（见表1）来探讨。"乔哈里视窗"提出了从自己看到的自我和他人看到的自我这两个维度来理解自我的视角，将自我区分为四种。其中，自己知道别人也知道的自我是开放区，自己知道但是别人不知道的自我是隐藏区，自己没注意到但是别人注意到的自我是盲目区，自己和别人都没注意到的自我是未知区。因为同一性基本上是以对自己的自我认识为基础形成的，所以可以说是进入开放区和隐藏区中的自我认识。

表1 乔哈里视窗

	自己知道	自己未注意到
他人知道	开放区 （自己知道别人也知道的自我）	盲目区 （自己没注意到但是别人注意到的自我）
他人未注意到	隐藏区 （自己知道但是别人不知道的自我）	未知区 （自己和别人都没注意到的自我）

玛莎保持着开朗、大姐姐般的"关西人"形象，是位于开放区的同一性，为了在这种同一性之下建立朋友关系，所以就有了隐藏区，即不能向周围的人展示自己是女同性恋和没有恋爱经验的同一性。位于隐藏区的自己，是还不知道能否得到社会认可的自己。如果认为公开隐藏区的那个自己，他人看待自己的方式会因此发生变化，自己从而可能会失去社会认可，那么玛莎就很难公开自己是女同性恋和没有恋爱经验的事情。

操纵别人对自己的印象叫作同一性管理。同一性管理是为了维持自己在社会中的居场所。玛莎虽然实际上没有恋爱经验，但以宛如恋爱经验丰富的姿态与朋友讨论恋爱事宜，这就是在管理同一性。

将哪个自己当作是"真正的自己"，这是因人而异的；如果将位于开放区的要素当作"真正的自己",自己内心就不会产生纠葛;但是如果将位于隐藏区的要素当作"真正的自己",他人看待自己的方式、自己获得社会性认可的状态和"真正的自己"之间就会产生巨大的鸿沟,内心就会产生纠葛(实际上对于是否有"真正的自己"这种概念,也有人持怀疑态度。之后我们再对这种看法进行探讨)。大家自己所认为的"真正的自己",是位于开放区还是隐藏区呢?

青年期与同一性

同一性无论在任何年龄段都为确认自我发挥了重要作用,但是青年期在所有年龄段中是具有特别意义的时期。在探讨青年期和同一性的关系时,美国心理学家爱利克·埃里克森(Erik Erikson)的同一性理论是不可或缺的。根据埃里克森的说法,人类每个时期都有与之相应的发展课题,有的课题有时会反复出现,由人在不同阶段来完成,其中最重要的是青年期的自我统合。在青年期,以下事情开始成为一个课题,即摆脱了将抚养人和周围的成人作为自己理想典范而进行"同一化"(Identification)的阶段,开始觉醒并思考自己是谁、想做什么、想如何生存下去的人生论的问题,开始摸索并确立坚定的同一性(儿美川,2006:15)。

青年期是一个狂飙突进（Sturm und Drang）的时期，在这个时期人"将逐渐合而为一的同一性的所有构成要素聚在一起"以及"放弃扩散性的元素"（埃里克森，1973：222），这个时期是从童年期进入成人期的合法延缓期（埃里克森，1973：167）。在这一时期，无论是学校教育、社会教育还是其他形式的教育场合，所有地方都会推动追求建立同一性的教育活动。

所以，埃里克森认为青年期的课题为统合同一性，构建坚定的同一性。然而，埃里克森是在第二次世界大战后的经济发展时期提出的这一理论。在那之前，社会变革的方向是恒定的，已经固化的自己凭借自己的一贯性生存下去是比较容易的（例如，一旦确立了自己沉默寡言但技术娴熟的鞋匠身份，社会和家人就会以此为基础来对待你，你就可以凭借那样的身份过完自己的一生）。如今，社会变化激烈，无论是生活环境还是生活环境里的价值观都是流动的，人们还能像过去那样获得、建立以及维持同一性吗？

埃里克森认为，同一性的整合是青年期的课题——是长大成人所必需的事情——但在21世纪的今天，上野千鹤子等人出版了《脱离同一性》一书，对埃里克森的这一想法提出了正面质疑（上野，2005）。

根据上野千鹤子的说法，个体同一性是"关于自己是怎样的人的自我认识"，社会同一性是"社会和他人对自己是怎样的人所抱有的认识"。埃里克森认为个体同一性和社会同一性是一致的,如果被整合在一起那么同一性是稳定的,一旦两者之间出现分歧就会发生同一性危机。上野千鹤子将埃里克森的这一主张命名为同一性的"整合假说"。不仅如此,上野千鹤子对以下理论的规范性也持怀疑态度,即原本同一性必须被整合在一起,通过同一性的发展能够得到高阶的同一性整合(上野,2005:7—8)。这是因为,正如霍尔所说,同一性的概念"绝不是整合的,而在最近时期是逐渐被碎片化、分割的",是"不断处于变化、变形的过程中"的东西(霍尔,2001:12)。在他们的观点中,同一性已经不是一个被整合的自我,而是复合、多元、持续变化的内容(上野,2005)。

必须不断进行存在证明的现代

随着工业主义和资本主义的发展,晚期现代[1]的后现代社会不断向风险社会演进。风险社会是乌尔里希·贝克(Ulrich Beck)所提出的概念,指的是"在高度细化的分工体系中,人们不断面临风险的社会,这些风险大至核战争和环境破坏带来的威胁,小至在日常生活中每天必须应对的风险"(贝克,1998)。在风险社会中,"为了摆脱旧秩序的束缚和社会网络,它要求人们自己解决给日常

---

[1] 指20世纪90年代日本泡沫经济之后至今。——译者注

生活中各种场合带来影响的新风险"（弗朗等，2009：14—19）。现代以前的集体性逐渐丧失，在此过程中人们被迫一步一步持续构建自己的人生经历。而且，"生活在'风险社会'中意味着，无论是从积极层面还是消极层面看，人们都要谨慎思考行为开拓的可能性"（吉登斯，2005：31）。这意味着我们始终需要思考自己的行为会产生怎样的结果，与此同时去做出行动，并在观察结果后通过自我监控来更新我们的行动。

当今时代，在教育、就业等各个方面，由于每个人的经历和生活方式都变得更加个性化，所以我们在这个风险社会中，在面对该如何做出选择这件事情时需要自己做出选择，然后一个人承受选择的结果。

在后现代风险社会，需要不断持续地从各个方面自我监控，维持已经固化的同一性非常困难，所以人们必须不断重新构筑同一性。

针对这种情况，安东尼·吉登斯（Anthony Giddens）作出了如下论述：

> 在后传统秩序中，自我变成了一个递归性的项目。个人生活的变迁总是会对内心进行重构，在传统文化中经常需要通过仪式来实现仪式化。但是，在传统文化中，事物在集体层面上

即使世代交替，或多或少都会有继续保持相同的地方，所以变化之后的同一性——就像是从青年期到成年期的变化——得到了明确的确认。相反，在现代性的环境中，变化的自我是作为将个人变化和社会变化结合起来的递归性的过程的一部分而被探索和构筑的。（吉登斯，2005：36）

也就是说，在传统社会中曾经存在这样一条道路：从儿童或青少年变为成人时，大家都会经历类似的通过仪式，这个仪式让大家获得能够独当一面的认可。因此，在某种程度上曾经的人是可以看到"成为大人是怎么回事"的。

但是如今，由于来自社会具体提示的内容有所减少，所以关于成为大人是怎么回事，对于什么是更加成熟的、更好的、更理想的生存方式，就需要自己思考，自己创造出诸如所谓的通过仪式那样的东西。

支撑"不确定的自己"的亲密关系

在传统社会中，由于社会流动性不高，所以很容易制定生存战略——为了适应社会需要塑造怎样的自己，但是现代社会流动性非常大，人生、社会的流动与变化速度日益加快，所以必须在应对急剧变化的同时确认自己的同一性，完成成为大人的项目。因此，确认同一性变得非常困难，非常痛苦。

而且，虽然人们对能否在这个激烈变化的社会中做出适当的选择，顺利突破抱有不安，但还是要求自己做出选择，并做好承担选择后果的思想准备，这就是现代社会，可以说我们在生存的同时还忍受着多重的痛苦。

吉登斯将这种情况的特征解释为"晚期现代性危机趋势所带来的两个后果"：第一个是"普遍的不确定性氛围"；第二个是"不可避免地将所有人暴露在可能威胁到自我同一性核心本身的各种危机状况中"（吉登斯，2005：209）。

如前所述，我们的生命有着这样一种不确定的氛围，就是在无法预测未来、流动而且发生激烈变化的社会中，经常由个人做出难以标准化的选择，还要在不知道其结果会是怎样的情况下继续行动，在行动结果出来之前还要继续做出新的选择。不仅仅是特定的人群，而是所有人都必须不可避免地体验那种不确定的危机状况。

然而，自我同一性的不稳定，也会让生活在这个世界上的自己变得不稳定。在这种不稳定的状况中，日常生活也容易发生变化，经验也会碎片化。

在这种不确定性的氛围中，进行自我确认是一件相当痛苦的事情。这时候，人们所追求的是在自己之外，还有支持、肯定自己进步的他人。吉登斯将其称之为"纯粹关系"。

纯粹关系为我们提供了培养以自发性承诺为基础的信赖和紧密关系的机会，是塑造自己的递归性项目的关键。因为，我们可以通过在纯粹关系中所获得的性结合、婚姻、朋友关系，设想一种被支配的、持续的自我理解。

同一性在多种场合中的区分使用

被要求生活在流动的同一性中的我们，不仅仅属于单一的社会或团体，而是属于多种多样的团体，例如家庭团体、地域团体、职场团体、兴趣团体等，而且会根据不同团体区分使用自己。可以说，思考在不同场景表现出怎样的自己也是在展示同一性。

而且，从各个方面表达自己，不仅仅是要明确自己是一种怎样的存在，自己是拥有什么特质的人类，有时还要求我们向他人表达自己"是以什么为意义的人""是拥有什么能力的人"。

如果通过我们现代日常生活中不可或缺的社交媒体来思考这件事情，我想应该非常容易理解。至于使用哪种社交媒体工具，其中会有代际差异，也有时代差异。例如在Facebook上，不少人会记录自己的家人和假期，告诉朋友和世界"我有一个如此美好的家庭"或"我正在度过一个如此美好的假期"。而且，也有相当多的人在谈论工作，其最终目的就是想表达自己对社会是多么有用的人。

在Twitter上，各种各样的人都在努力表达自己的想法，但似乎也有不少人拥有多个账户，他们会根据不同用途在不同账户发布不同内容。正如在第一章中所介绍的，一些大学生说："在Twitter上发推文就像呼吸一样。"自己是思考什么的人，是否会有人回复自己的推文，为了对此予以确认，就如同呼吸一样把自己的所思所想发出来，从其言论中可以窥见那样的现代人的心境。

如果思考一下为什么使用多个账户，非常容易理解的是，为了打造更容易得到认可、得到理解的自我，可能就有必要区分使用不同账户。

如果在一个账号上发布读书、电影、美食、工作等多种内容的话，该把这些信息传递给对哪些方面感兴趣的人呢，又希望把这些信息传递给什么样的人，想引起谁的注意呢？这些问题都会变得不明确而导致信息触达的人数变少。而且，一旦信息触达的人数减少，得到"赞"的概率也就降低了。也许正因为如此，我们才选择按照内容、种类区分使用账号发帖。我认为从中我们看不到想要表现整体自我的诉求，还可以看出有这样一种想法贯穿其中——即使仅展示部分自我，也要确定是能够让他人感兴趣的自我。

此外，不少人在 Instagram 和 Facebook 上公开展示自己的生活方式，例如去过的地方、吃过的美食等，或者发布和谁去了哪里干了什么。

像这样，无论是在 Facebook、Twitter 还是 Instagram，可以说是无论在哪里都在进行自我监控，即如何让他人认识自己的言行举止，改变他人对自己的印象。我们通过设想对方认为自己是怎样的人而采取行动，来描绘、确认自己的轮廓。

话虽如此，一面思考想要饰演怎样的自己，一面继续那种演出性行为是非常疲惫的。如果能够意识到自己在饰演自己，当然也就会看到别人是如何饰演自己的。这样一来，自己和他人的比较就会增加，也会经常被迫通过比较来确认自己的优势和存在价值，所以社交媒体疲劳对所有人来说也许已经是共通的问题了。

然而，尽管每个人都对社交媒体疲劳抱有同感，但是很少有人选择"不使用社交媒体"。之所以选择不放弃社交媒体，是因为我们可以通过社交媒体维持亲密关系、获得他人的认可，而这可以说正是我们不能放弃社交媒体的原因。

可以说，通过社交媒体表达自我，展示的是一种通过与他人进行比较来确认自己能力主义的感觉和同一性的状态。同时，我认为它生动如实地表达了我们的"无法选择"——即使痛苦也无法不表达自己、无法停止表达自己、无法退出表达自己。

持续一生的"××活动"

Facebook、Twitter、Instagram 等社交媒体归根结底只是部分地饰演、监控自己，但我认为被称作"××活动"的存在更加让人痛苦。

大学生一旦开始求职活动（不如说是一旦进入大学），为了在求职活动中成为"收获好评的自己"，在私人生活、社团活动、研讨会活动等各个方面所采取的行动、价值模式都是为了对求职活动有利，社会学家大内裕和将其解释为"全身心求职时代"。此外，大内裕和还指出此过程已经演变成"产生自我否定的过度竞争"（大内、竹信，2014：20—22）。

对于学生来说，求职活动是面向不远将来的战略性行为，但不仅仅是求职活动，我们还会经常为了不远的将来做许多准备活动。比如，初中的时候准备中考，进入高中的时候又准备高考。然后，成为大学生时，又开始求职活动，工作之后，又开启寻找终身伴侣的相亲活动，当通过相亲活动找到伴侣结婚之后，又开始备孕活动，以便在合适的时候生孩子。孩子出生后，又开始育儿活动，以便孩子能够顺利进入托儿所。

这样完成一系列"××活动"后，我们就从"××活动"中解脱了吗？接下来，我们作为父母还不得不参与孩子的备考活动或者求职波折之中。在人生最后还必须进行"最终活动"[1]。这是因为外部要求我们经常面向不远的将来有意识地塑造自己的人生。

发展心理学家山下恒男说："由于现代化所带来的必然性'管理'的强化，不仅仅是特定的人，所有人都被强制要求拥有各种各样的'属性'。这是现代制度的一个侧面。"（山下，2008：247）考试、求职活动、相亲活动、备孕活动、托儿活动、最终活动等，这些"××活动"可以说是为了获得人们公认的理想属性而进行的未完成的项目。

这些"××活动"，经常是通过未来指导自己的行为，来确认自己存在证明的工作。这样，我们为了在不远的将来成为"更有价值的自己"而做出选择，就会变成不断做着自我的递归性项目，同时想要不断保持更有价值的自己的项目。

然而，如此不断地证明存在也是非常痛苦的。此外，即使为了应试学习了，即使参加了求职活动和备孕活动，也不一定能得到想要的东西。针对这样的状况，山下恒男表示，"同一性并不是一个从任何意义上来说都中立的概念。虽说是确立自我，但是如果自己并不中意因此而确立的'自我'，或者'周围'不赞赏这样的自我，那同一性就不一定得到确立"（山下，2008：248）。

也就是说，有人在求职活动时去了想去的单位就职，通过相亲

---

[1] 为自己的后事做准备。——译者注

活动得到了自己理想的伴侣，然后通过备孕活动有了孩子，但也有人求职活动不顺利，找不到工作，即使参加相亲活动也没能遇到理想的伴侣，即使备孕也没能生孩子。在这种情况下，不能就业的自己、不能结婚的自己、不能生孩子的自己都是具有负面意义的同一性。所谓同一性是拥有各种矢量的存在，我们比较容易接受具有正向价值的同一性。但是，接受具有负面价值的同一性，会让人感到巨大的痛苦。

因此，人们为了获得理想的同一性以及拒绝自己反感的同一性，为了证明"自己是多么有价值的人"而耗费精力（石川，1992：15）。

人们在所有阶段都被强迫进行"××活动"，陷入过度竞争的过程中，有许多人时而会遇到得不到所追求的东西的状况。而且，或许也有人由于没有得到所追求的东西，所以找不到梦想并失去对未来的展望，从而脱离"××活动"。其中肯定也有不少人陷入了类似于埃里克森所说的"同一性混乱"，也就是"不知道以怎样的自己活下去才好"的状况。

不能割舍的同一性的认可

针对那些很难令人获得和确立同一性的情况，我介绍了"脱离同一性"的观点。但是，我们能否认同"同一性是多元的，没有真正的自我。所以不会对同一性的获得感到兴奋",然后放弃获取同一性?实际上这也是非常艰难的。即使有人站在后现代的立场说,在以多元的自我所生活的现代社会中并没有固定的同一性,但是现代还没有结束,我们依然沉浸在现代思维中生活。

例如在日本,如果开展舆论调查,对于"结婚与否是个人的自由"这个问题,回答"我认为是个人自由"的人会占大多数。但是,对于"自己想结婚吗?"这个问题,如果回答"想结婚"的人占大多数,就会产生一种矛盾的情形。一般来说,无论是否认为"结婚与否是个人的自由",我们都能从这个问卷调查结果看出,人们生活在"长大后就应该结婚,或者结婚是理想的状态"的这种现代思维当中[1]。

也就是说,现代人虽然拥有后现代的思维,但同时依然将现代(Modern)的价值观内化于心。这样想的话,由于人不够坚定,而且不能自我割裂,以至于不能原原本本地接受"不需要同一性概念,不必确立同一性"这种后现代的提议。

在风险社会化的现代,人们的生活变得不稳定。正因为是这种不稳定的情况,所以很多人都会有"想要可靠的东西,想得到认可"的心情。在不稳定的社会中,虽然认为同一性是多元的,但依

---

[1] 具体来讲,参考厚生劳动省的数据(2013:59—60)的同时,请参考日本国立社会保障、人口问题研究所的《出生动向基本调查》。

然希望获得更加稳定的同一性，为此就选择了使用社交媒体或者参加"××活动"。我们就是那样的存在。

话虽如此，如此生活是沿袭了既有的社会形态和价值观，这也与完全接受既往社会中所存在的痛苦而生活有关。因此，我想思考的是，有没有一种和同一性的相处方式是与痛苦无关的，哪怕只比现在稍微有所改善。

不是"拥有"而是以"是这样"来看待自我与他人

那么接下来，我们来思考一下在不会引起不安的同时也能够形成同一性的社会是什么样。石川准作出了如下所述。

> 为什么我们这么热衷于证明存在呢？……我们相信自己的存在本身是没有任何价值的。也正是因为如此我们为了成为有价值的人而不懈努力，内心的自我厌恶越强烈，就越热衷于证明存在。我们积极踊跃地证明存在，人生的大半都因此消耗。……但是，如果自我存在本身，能够感受到完全摆脱同一性的"我"是拥有价值的，事情就会完全不同。这样一来，我们就不再需要证明存在了，从而能够获得自由。（石川，1992：37）

正因为我们认为赤裸裸的自己、一无所有的自己是没有价值的，所以会以"毕业于××大学的我""拥有很棒的伙伴的我"等形式，向四面八方做出各种各样的努力以证明自己不是无足轻重的人。因此，有时比起"想怎样生活"，人们会将大把的时间花费在"看起来是什么样的人""想受人羡慕、看上去是上天眷顾的人"等事情上。

这也可以说是"Have"（拥有）的思维，即如果自己拥有特定的能力和让人羡慕的东西，就能够保持同一性。否则，同一性就会倾向变得不稳定，但人们如果不是在"拥有"的，而是在"Be"（是这样）的同一性价值观下生活，也许就可以更加自由地肯定自己。

但是，话虽如此，认为只拥有自我、自己存在本身就有意义有其艰难的一面。因为我们生活在现代社会，坚信"只有被表扬之后才能知道自己有价值"，这样的现代价值观近似建立在自我之外。这样的我们突然在没有任何理由的情况下需要在内部找到自我价值的评价标准，这种价值观的转换是非常艰难的。

我们在介绍他人的时候，首先会倾向于根据他人拥有（Have）怎样的经历来介绍，例如"这个人是××大学的学生""是××公司的老板""参加过甲子园高中棒球联赛"。其次，会根据"是这样"（Be）来介绍，例如"这个人是××样的人（××可以是有趣、温柔等表达个人性质的词汇)",通常这种介绍很容易被定位为附属品。

如果不是任何人的自己不基于能够做什么、拥有（Have）什么，而是基于"我是怎样的人"来介绍自己，证明自我存在，那么我们就不必那么紧张地活。但是，现代社会中我们习惯于进行"Have"式的存在证明，并以此来评价他人，我们身为这样的现代人，要不拘泥于"Have"而以"Be"的存在证明去生活，这件事情本身就是一个悖论，即同时要证明自己拥有"不积极进行存在证明，能够潇洒地活"的新的特殊能力。因为在递归性非常高的现代社会，无论做什么，其行为都会显示出那个人能力的有无，显露其同一性的轮廓。

即便感到束缚，也必须要生存于此时此地会让我们生活得很艰难吧。但是即便如此，我也想探索一下有没有更自由的生活方法。

同一性的异化倾向

为此，有一种通过"异化倾向"实现多样性的方法。"人类是会积极进行存在证明的存在"，如果把这当作一个难以否定的前提，我有一个提议——也许可以把存在证明的方法变得稍微不同。

所谓异化倾向是石川准提出的想法，指的是一种不会为任何水平的同化压力所约束，而自由地追求自己风格的生活方式，无论这些压力是来自统治集团的同化压力还是来自所属集团的同调压力。如果把同化倾向当作是想和多数人保持相同，为了同化要以多数人所拥有的价值为目标的存在方式，那么在同化倾向中，多大程度上能够接近多数人会成为评价标准，且如果把自我价值放在每个人都相同的地方，那么在相同的大家当中那个更加具有价值的人是怎样的一种存在呢？这样一来就很难从相对评价中获得自由。

但是，在异化倾向下，如果不被同化压力所约束，追求自己的生活方式就会变得容易。由于同化倾向是要求遵循某种特定价值的生活方式和表现方法，因此会限定在被认可的价值范围内，起到价值缩减的作用。但是，在认同每一个个性价值的异化倾向中，为了承认各种各样的价值，各种各样的价值观都包含在社会中，所以具有价值增殖的作用（石川，1992：80—82）。

对此，石川准并没有使用"必须成为不一样的自己"的说法，而是说"即使是不一样的自己也没关系"。为什么石川准不使用"必须成为不一样的自己"这一说法呢，如果定义为"必须成为不一样的自己"，就有可能造成这样一种后果，即认可从追求步调一致的支配性文化中脱离出来的自己，在对此采取肯定态度的同时，还会掺杂无论如何"都应该从中脱离出来、必须从中脱离出来"的观念性诉求。

同化作用具有价值缩减的作用，在同一种价值的人群中会产生优劣。但如果是异化倾向，由于其具有价值增殖的作用，所以会承认更多人的更多样的价值。此外，自己与他人的区别也会变得更加明确。

而且，在异化倾向中，在进行差异化的同时而不伴随优劣评判这一点也可以说是非常有价值的部分。进入21世纪后，多样性受到推崇，备受瞩目。但是，如今社会中所说的多样性，我认为说到底也只是在社会所期待的以及所推崇的框架内发挥的多样性而已。石川准所说的异化倾向，不仅是在这样的社会中发挥所期待的类型多样性，而是一种价值的提示方法——百花齐放，也就是大家认为可以保持各种特质原本的样子。

由于人们有一个习性，就是会把人序列化并在比较中找出相对性的优势，然后从中确认自己，所以在异化倾向的基础上以多样性为目标，让社会成为可以包容各种价值观的社会，其道路还非常漫长。

但是，在必须一边不断证明自我存在一边生活的现代社会中，如果能够认可不在意价值正/负的多样性，也许就能缓解生活的痛苦了。

第二部分
逐渐不稳定的生存基础

第三章
从学校到社会的转变

说到底,人类只能一个人生存下去。不能和某个人一直走下去。既不能由他人决定自己的人生,也不能按自己的想法改变别人的人生。想和某个人一起走过本该独行的旅途,或许那并不是孤独的事情,而是一件非常精彩的事情。

(宫地尚子:《妈妈诞生》,福音馆书店,2016年,第144页)

将无缝转变当作标准——日本青年的转变流程

在本章中,我想探讨一下年轻人的"转变"。

虽然有些突然,但是年轻人的转变到底指的是从哪里向哪里转变呢?一般来说,人们所认为的年轻人的转变是"从学校向社会的转变"。学校生涯是进入社会前的准备期,"从学校向社会的转变"的内涵是要摆脱这个准备期,然后进入社会自立成人。而且,在社会中所要求的自立,是指年轻人从学校毕业后,参加工作领取工资,不再依靠父母的钱而是能够靠自己挣的钱来维持生计,这里指的是经济上的自立(这里所指的"社会"一般是发生雇佣劳动的场所。但是,社会原本是包含家庭、学校、公司、地域等所有场所的,指的是工作场所、休闲交流场所和休息场所等与人产生关系的所有场所的总和。这样想来,在公园做广播体操、和各种各样的人打交道也是在社会中的活动,但是"社会人"这个词却专门指在企业从事雇佣劳动的人,这是非常奇怪的事情)。

大家所认为的这种年轻人的转变,能够长期在战后日本比较顺利地运行得益于两个社会特点:①在校期间决定就业单位,从学校毕业后不接受职业培训就迅速就业;②与年轻人失业率容易高涨的欧洲各国相比,日本的失业率非常低。

其背景有一点是,"家庭、学校、企业的三角结构"系统运行比较顺畅,在这种被称作"战后日本型青年期"的情况下,年轻人完成了转变。"家庭、学校、企业的三角结构",是指就学前家庭全面承担育儿责任,就学后学校对其进行全面照顾,不仅在学习方面,还包括生活指导、社团活动、就职活动等方面,就业之后所在企业提供完善的企业内部培训和福利保障,这是一种被企业福利包裹着生活的系统(乾,2000;乾,2002)。

无论是高中毕业之后立刻无缝衔接地进入大学的形式,还是从最终学历学校毕业之后无缝衔接地作为正式员工就业的形式,从世界范围来看这些形式并不一定是标准,表2就可以说明这一点。

表2 高等教育入学平均年龄国际比较(2019)

国家	年龄	国家	年龄	国家	年龄
奥地利	22	希腊	21	挪威	22
比利时	19	匈牙利	21	波兰	21
加拿大	21	冰岛	24	葡萄牙	20
智利	22	以色列	24	斯洛伐克	22
哥伦比亚	23	意大利	20	斯洛文尼亚	20
捷克	22	日本	18	西班牙	22
丹麦	25	立陶宛	21	瑞典	24

续表

国家	年龄	国家	年龄	国家	年龄
爱沙尼亚	22	卢森堡	22	瑞士	25
芬兰	23	墨西哥	21	土耳其	24
德国	23	荷兰	20	英国	23
新西兰	23	美国	20	OECD平均	22
				EU22平均	22

资料来源：OECD《通过图表看教育2022》，删除无数据国家后制作此表，https://www.oecd-ilibrary.org/sites/22bcdfd2-en/index.html?itemId=/content/component/22bcdfd2-en。

例如，OECD[1]的高等教育入学年龄平均为22岁，很多人会在高中毕业后探索自己想做的事情，自己工作挣学费然后进入高等教育阶段，在外国高等教育入学年龄并不是一成不变的。像日本这样高中毕业后，大家一起进入专科学校、短期大学、大学的情况反而比较罕见。

但是，在日本，无论是升学还是就业，都会将无缝衔接的转变当作标准。这样的求职活动系统被称为"应届生统一录用"，学校也允许在校时期的求职活动——特别是如果高中毕业后便就业，学校甚至还会负责与就业单位之间的联系工作，帮助学生就业——正

---

[1] 经济合作与发展组织。——译者注

因为年轻人在学校就读时期获得了签约意向，所以才实现了从学校到社会无缝衔接的转变。

但是，由于20世纪90年代初泡沫经济崩溃，"失去的20年"（约1991—2010）期间经济不景气、低速增长期的持续，植根于"应届生统一录用"系统的由学校向社会顺利转变的这一模式也崩溃了。在下一节中会作详细说明，20世纪90年代以后，青年失业率上升，非正式雇佣劳动人员的比例也在增加。这就造成这样一种后果，从1990年前后开始的20年间，"战后日本型青年期"的转变系统迅速解体，年轻人的转变开始变得不再稳定。

"战后日本型青年期"的解体加强了对家庭的影响

支撑"战后日本型青年期"的"家庭、学校、企业的三角结构"，在20世纪80年代以前都发挥了比较好的作用。但是，正是由于这个系统能很好地发挥作用，社会除此之外没能形成并维持支撑儿童、青年成长的代替系统，让人极度依赖家庭、学校、企业。其结果就是，存在于三角结构之外的结构日渐式微，原本应该在社会中建立完备的结构也一直保持未完成的状态。而且，当三角结构不能很好地发挥作用的时候，由于没有充分关注儿童、青年成长的代替结构，三角结构的扭曲状态也会对儿童、青年造成打击。

战后日本将经济增长作为最优先事项，同时维持着社会运行。以经济增长为首要任务的政策，令产业结构从第一产业向第二产业、第三产业转变。与此同时，由于人口从小地方向城市转移，城市化和人口稀疏化同时发生，造成小地方被逐渐弱化。家庭伴随着人口的地域流动而形成，因此，与其说是某个地域或社会整体在抚养孩子，不如说是各个家庭在负责抚养孩子。其结果就是，孩子在地域联系中成长的时候，由于地域这个中间集体的存在某种程度上对家庭间的差距有所缓和，尤其在经济获得增长、社会向前发展的过程中，但进入不景气的低增长期后，家庭间的差距就会暴露出来，更大程度地影响孩子的成长。

如图2，儿童贫困率，在泡沫经济全盛时期的1985年为10.9%，2012年达到顶峰为16.3%，2018年为13.5%，仍然处于高水平，也就是现在仍有七分之一的儿童不得不过着贫困线以下的生活。单亲家庭的贫困率持续超过50%[1]。儿童、青少年正是在直接受到这种家庭状态影响下成长的（厚生劳动省，2019：14）。

---

[1] 将家庭可支配收入（家庭内所有家庭成员收入的总和）用家庭成员数量按照一定公式计算得出的收入值的中位数的50%为贫困线，相对贫困率的定义为家庭可支配收入处于贫困线之下的人员的比例。儿童贫困率是指17岁以下儿童的贫困率。

儿童贫困率变迁
（%）

图2　儿童贫困率变迁

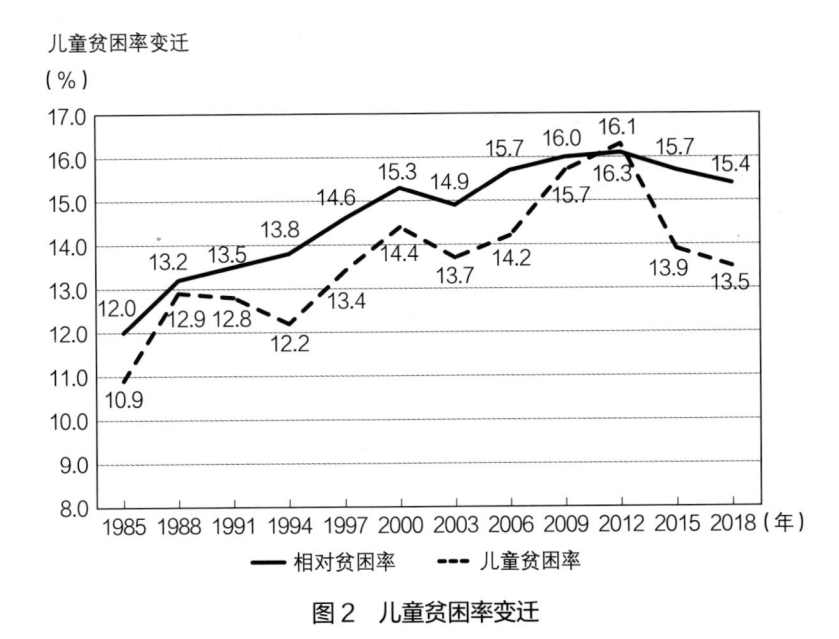

资料来源：厚生劳动省，《2019年国民生活基础调查概况》，2020年7月17日，第14页，https://www.mhlw.go.jp/toukei/saikin/hw/k-tyosa/k-tyosa19/dl/03.pdf。

随着家庭对儿童成长和青少年转变的影响越来越大，仅仅抚养孩子就已经不堪重负，不仅仅是那些没有余力关心孩子的家庭负担加重了，即使是那些为了更好地抚养孩子，想把孩子培养成能够适应社会的人，顺利实现从学校到社会的过渡的家庭，其负担也加重了。

英国教育社会学家菲利普·布朗（Phillip Brown）认为，孩子的地位成就不是由孩子自己的能力和努力决定的，而是取决于父母所拥有的资产以及父母在这些背景下产生的愿望而做出的选择。他将这种现象〔"财富（Wealth）+ 父母的愿望（Wishes）= 选择（Choice）"〕命名为"家长主义"（布朗，2005）。这样看来，家庭对孩子的未来具有很大的影响，所以每个家庭往往为了能够达成孩子的教育目标，都会在力所能及的范围内尽心尽力教育孩子，即"教育家庭化"。这一方面让孩子的未来转变更加稳定，但是另一方面，在家庭中实施"全方位、高密度的教育战略"，甚至让孩子即使在家里也能感受带有教育性和评估性的目光，因此感到窒息，这种情况并不少见（神代，2020：52—56）。

脱离学校后的风险加大

学校把儿童、青少年的成长发展总揽于一身的系统，让那些脱离学校、不能适应学校文化的儿童、青少年，也可能失去成长发展和与社会保持联系的方法。如上所述，日本的学校，并不仅是听课掌握知识的地方，而且还在生活指导、放学后的社团活动、求职活动等方面全方位地担负着引导学生成长发展的责任，这就导致学生脱离学校后的风险非常大。

例如，日本的年轻人大多是通过放学后的社团活动来体验体育活动和文化活动的。在日本初高中时期通过学校的社团活动来做自己想做的事情被认为是理所当然的，但在外国，这就并不一定了。德国有名为"Sportverein"的地区体育俱乐部，原则上并不存在社团活动[1]。美国也有地区体育俱乐部，放学后和休息日可以体验各种各样的体育项目（小田，2016）。无论是在德国还是在美国，体育俱乐部的特点是都不仅限于进行一种运动项目，而是全年都广泛开展各种各样的项目。

在这些国家，儿童与青少年能够在学校之外的地方和多个年龄层的人一起进行各种项目的体育活动，即使从学校毕业后也有容易继续开展体育活动的环境，但是在日本，由于在社团活动中开展体育活动的倾向很强，所以一旦离开学校系统就会有疏远体育的倾向。如果能在校外开展一项体育活动，那么儿童与青少年即使与学校的联系变弱，或者与学校文化不融洽时，也能够享受体育活动，而且更有可能与同龄人、其他年纪的人保持接触。但是，在日本，学校以社团活动的形式实质性地垄断了体育活动，把孩子圈了起来，并造成这样一种状况，即本来就很难与其他年纪的人产生关系的孩子，一旦放弃社团活动，也就会失去参加体育活动的机会。

---

[1] 村上淳哉，《植根于德国地域中的运动Sportverein（体育俱乐部）文化》，日本国立大学法人东京学医大学国际教育中心，《国外教育设施指导实践记录》，https://crie.u-gakugei.ac.jp/pub/report/55murakami.pdf.

此外，在"战后日本型青年期"中，由于将"应届生统一录用"奉为准绳，所以强烈推崇在毕业之后立即就业，而且如果在毕业时学生的工作还没有着落，之后他们所面对的就业环境也容易变得不稳定。因此，高中毕业前求职时，学生会得到学校的推荐参加求职活动，这也叫作"学校斡旋"。在求职活动中，负责未来规划的教职工会从简历的写法到面试对学生进行指导。在专科学校和大学的求职活动中，虽然没有高中那样的举措，但是职业中心或者就业科依然会帮助学生求职，求职活动期间的缺课（不同教员情况有所不同）从结果来看也是得到默许的。

如上所述，日本的儿童、青少年通过隶属于学校所获得的不仅仅是学习能力的提高，还有各种各样的机会。反过来说，由于儿童、青少年隶属于学校，如果不上学就会失去所有的机会。学校带给儿童、青少年的影响力是一体两面的。

但是，如图3所示，儿童、青少年对学校的参与正在逐渐减弱且变得不稳定。20世纪60—70年代只有极少数不上学的儿童，这个数字从20世纪70年代末开始急剧增加，到了20世纪80年代，"拒绝上学"开始成为一个社会问题。此后，20世纪80—90年代，不上学的人数持续增加，导致1992年文部省发布"任何学生都有可能拒绝上学"的通知（文部省，1992）。

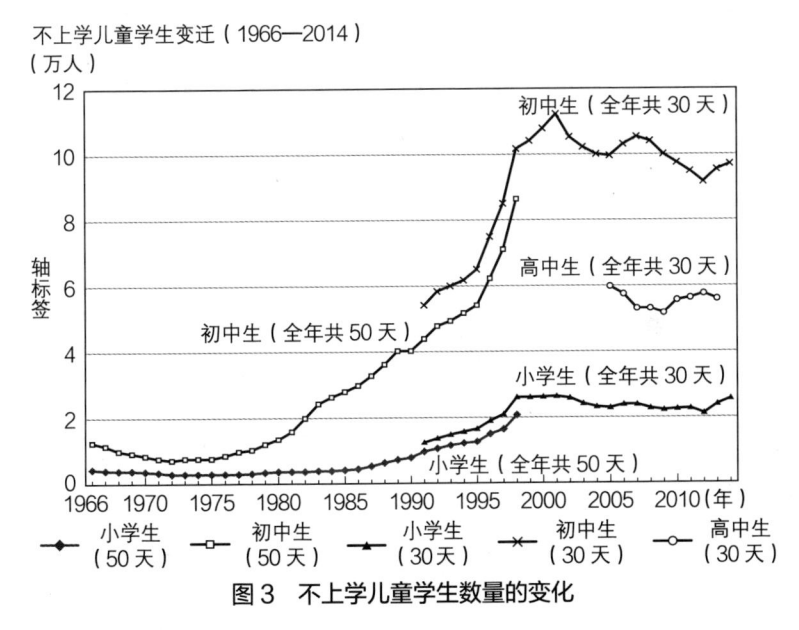

不上学儿童学生变迁（1966—2014）
（万人）

图3　不上学儿童学生数量的变化

资料来源：不上学新闻，《【社论】不上学50年证言项目再问跨越半个世纪的"问题"》，2016年9月29日，https://futoko.publishers.fm/article/12732/。

进入21世纪后，不上学人数处于持续横向波动增长状态，从2015年开始再次增加，2020年不上学的小学生为63350人，初中生为132777人，合计逼近20万人。小学生每100人中就有1人、初中生每100人中就有4人不上学，到了初中阶段，平均每个班中有1—2名不上学的学生（参考文部科学省的"学校基本调查"以及"关于儿童学生的问题行为、不上学等学生指导方面各种课题的调查结果"）。

而且，进入20世纪90年代后函授制高中的在校学生人数有所增加，高中阶段的这一特征也需要引起关注（参考图4）。函授制高中毕业生 2020 年为 64893 人，其中约 3 万人升入大学、短期大学、专科学校，约有 13000 人就业。此外，超过 21000 人的学生毕业后去向不明。函授制高中上学次数较少，可以按照自己节奏学习然后取得高中毕业证。虽然有着这样的优点，但由于面对面授课少，所以学生难以接受细致指导，即使能够取得高中毕业证，也依然缺少普通高中所提供的学科教育以外的关怀。函授制高中毕业生的三分之一都是在毕业后去向不明，这是因为函授制高中很难充分发挥学校所具有的关怀功能，这一特征对学生造成了很大的影响。

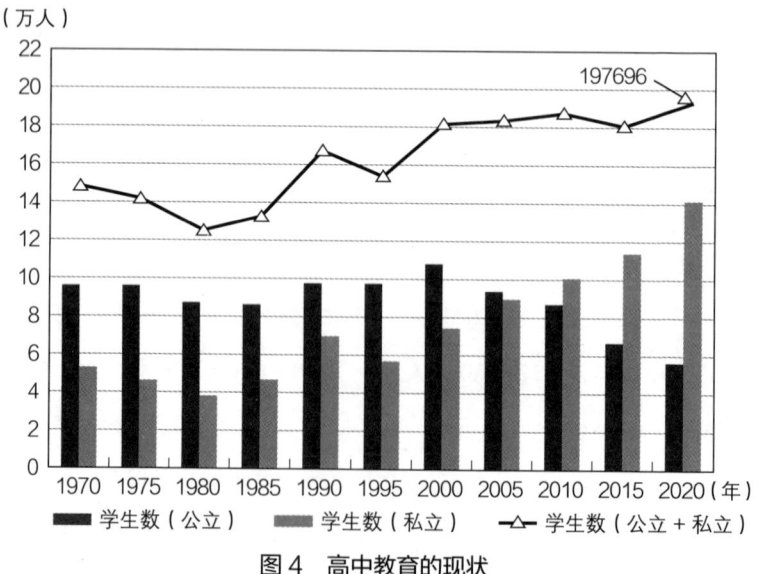

图 4　高中教育的现状

资料来源：文部科学省，《关于高中教育的现状》，2020 年 10 月 1 日公布，https://www.mext.go.jp/a_menu/shotou/kaikaku/20201027-mxt_kouhou02-1.pdf。

如此一来，一方面学校作为提供各种机会的机构继续发挥着强有力的作用，另一方面，不能享受传统学校所发挥作用的儿童、青少年在不断增加。而且，由于还没有形成一种代替学校来提供机会和关怀的场所，所以难以融入学校文化的孩子，容易被剥夺成长发展的机会，并在这种状态下度过这一时期。

被要求的各种"新能力"

像这样，由于"战后日本型青年期"的崩溃，年轻人的转变变得不稳定，与此同时，转变时所要求的能力也在不断提高，这也给年轻人带来了很大的负担。

在战后的学校教育中，至少在 20 世纪 60 年代之前，"学习能力"仅限于学校能够测验的内容，"要限制'学习能力'这一词汇意义的胡乱扩展，并对其进行有限的、节制的定义，这一观点曾占据优势"（本田，2020：126）。因此，学生应该在学校掌握的内容——"学习能力"成为评估对象，而这种学习能力主要是以考试来进行测验的。

但是，到了 20 世纪 80 年代以后，全面推出了学校教育中应该掌握的"学习能力"要素，这些要素是以难以客观计量的"兴趣、意愿、态度"为代表的"新学习能力观""主体性""自我教育能力"等"新能力"（本田，2020：126—133）。在日本国内外，不仅限于教育领域，经济领域也对"新能力"提出了要求。如果对其进行介绍将会不胜枚举，有"生存能力"（文部科学省）、"读写能力"（OECD-PISA）、"人的综合能力"（内阁府经济财政咨询会议）、"核心能力"（OECD-DeSeCo）、"就业基础能力"（厚生劳动省）、"社会成员基础能力"（日本经营人员团体联盟"日经连"）等，被称为"新能力"的能力论的丛生、反省、细分化正在全面推进（神代，2020：92）。

这种"新能力"对人们提出了难度相当高的要求。例如，OECD的DeSeCo提出的关键能力中，要求人们是"在今后的社会中能够更好地生活的个人"，并且希望人们成为"使今后的社会能够更好运行的必要人才"，要求人们具有有助于"个人人生的成功"和"社会顺畅运行"这两种不同目的的能力（神代，2020：95）。

而且，其中所要求的是"非认知性、非标准的，应该称之为感情操作能力的东西（也就是所谓的'人的综合能力'）"。教育社会学家本田由纪将其命名为超精英主义，并指出现代社会越来越以超精英主义作为评价个人和分配地位的标准。而且，那"比以往的精英主义更加露骨、更加残酷的精英主义"，在不断地侵袭着年轻人（本田，2008：53）。

此外，在人们将超精英主义内化于心的同时，又无法舍弃学历主义或学习能力信仰〔实际上，由于学历与年收入和社会地位很大程度上是相互影响的（松冈，2019）〕，所以事态变得更加复杂。人们在内心不断接受着"光靠学习是没用的"价值观，同时也因为"学习都不行那么这个人肯定不行"这一观念而感到压力，所以维持、塑造"被认可的自我"的门槛变得非常高。因此，拥有学历的人也失去了能够确证自己能力的感觉，现在相当多的人，包括拥有高学历的人员，已经习惯对自我能力感到不安（中村，2018：178）。对很多人而言，可以说"后现代型能力和非认知能力的出现是因为生存竞赛变得白热化"（神代，2020：42）。

要求不断逐级证明能力的社会

就超精英主义附加给年轻人的严格要求，本田列举了以下五点：
①要求水准逐渐变高的压力；
②属性差距逐渐表面化以及应对策略的消失；
③评价的随意性；
④自我负责和自我否定、自我排斥；
⑤无限度的沉浸（本田，2008：55—59）。

超精英主义虽然对每个年轻人的要求水准变高（①），但年轻人能否达到要求会因家庭、学校、地域等环境的不同而有很大区别，某种程度上，这取决于难以做出改变的家庭和居住地区的影响，因此每个年轻人并不能轻易找到可以应对的策略（②）。而且，其中所推崇的能力，并不是能够进行客观评价的诸如学习能力那样的东西，由于是非认知性、非标准的东西，评价就难以摆脱随意性（③）。尽管如此，因为要求自己对评价结果负责，所以没有得到良好评价的人就被迫进行自我否定、自我排斥（④）。相反，如果不断满足超精英主义的要求，想要停留在社会的核心部分，个人就会无限地沉浸到适应这样的社会中去（⑤）。在这种社会中，因为"比起程序性的公正，更加重视当场即兴发挥的结果成功与否来评价人们，因此会要求人们不断通过表演来永久性地证明自己"（本田，2008：53），所以即使在超精英主义社会受到良好评价，也会陷入必须不断满足其要求、期待的状况。

如此一来，精英主义不断逐级增强的后期现代社会（递归性的精英主义社会），同时也变成人们经常不断追问自己能力如何的社会。而且，"以能力为基础的选拔逐渐成为准绳，在此过程中，能力恐慌开始在大众当中蔓延开来"，根据学校和组织所给出的能力评价并不是永久性的，人们在得到良好评价的期间，虽然得到了暂时的内心平静，但为了持续获得良好评价必须不断展示能力，因此就被迫陷入害怕评价发生反转的不安之中（中村，2011：44）。

年轻人被迫进行无法从头再来的竞争

在教育大众化推进的社会，几乎所有人都会通过学校教育来探索自己未来的方向（中村，2011：44）。通过学校实现的教育成就对自己未来的地位有很大的影响，正因为这个众所周知的事实，所以人们如果不能获得学校所期待的结果，或者根本不去上学（拒绝去／不能去学校），就会开始认为自己的将来一片黑暗。

而且，现代的儿童和青少年们认为，必须要维持别人对自己能力的正面评价，一旦被打上了负面的烙印，就很难从负面的境遇中逆转了。罗森鲍姆的"淘汰赛模式"是指，在升学和晋升等学习、工作生涯中会向上升级，在此时的竞争中，输掉竞争的那一刻，个人能力上限就会被硬性地定义（"能力的社会性构成"，中村，2011：107—109）。正因为大家共同拥有这种认识，所以无论是儿童还是青少年都会更加不安。"淘汰赛模式"所展示的情况不会在学生生涯终结，还会在学生就业进入社会之后持续下去。人人都认为，社会是以此——坐在年功序列、终身雇佣等轨道上——为前提的，而且人生是不能重来的，人一旦从轨道上掉下来，之后就不得不一直在"底层"生活（山田，2017：25—26）。

人们为了不陷入那种境地之中，就会有一种逼仄的感觉——必须不断适应这个社会，一直保持被评价的状态。生活在现代的人们，一旦输掉竞争就会被定位为失败者，而且无法重来，在承受这种精神压力的同时，被迫发挥自我能力，谋求被不断地认可。超精英主义的评价标准模糊不清，不仅如此，还要展示拥有一种完美的"人的综合能力"，这令人身心俱疲。当今时代要求很多对自我能力怀有不安的人，在逐级审视自己能力的同时，还要不断重构能力层面的同一性（中村，2011：45）。

就业去向及劳动环境的恶化

此前，我们回顾了"家庭、学校、企业的三角结构"是如何失灵的，接下来，我想探讨一下从学校毕业后，与学校相衔接的企业劳动环境发生了怎样的变化。

首先，从青年人、老年人不同年龄阶段的完全失业率的演变来看，15—24岁这一年龄段的失业率此前维持在4%—5%的状态，从1995年前后开始不断上涨，到2012年前后一直维持在7%—11%的高失业率状态（参考图5）。从各年龄段的非正式雇佣劳动者比例的演变来看，从20世纪90年代到2013年前后，青年的非正式雇佣比例一直在上升，男性在10%以上，约40%的女性都是以非正式雇佣劳动者的身份在工作。虽然两者都在2013年以后有好转的倾向，但已经无法实现泡沫经济崩溃之前的那种相对稳定的雇佣环境（内阁府男女共同参与局，2021）。

青年人、老年人不同年龄阶段的完全失业率变迁（1968—2020）
（%）

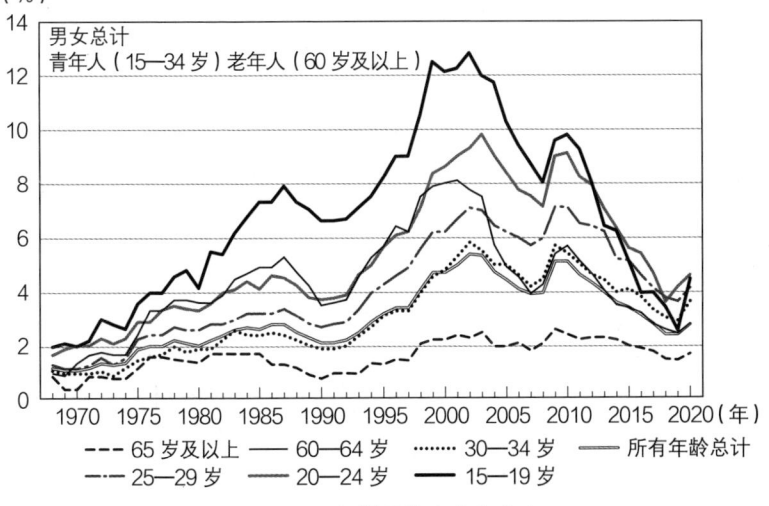

图5 不同年龄段的完全失业率

资料来源：独立行政法人劳动政策研究·研修机构，《早知道从图表看长期劳动统计图3-3-1 不同年龄段的完全失业率（5岁为一段）》，2021年6月29日更新，https://www.jil.go.jp/kokunai/statistics/timeseries/html/g0303_03.htmc。

当今时代，非正式雇佣不断扩大，从学校毕业之后第一份工作（初职）是非正式雇佣也在逐渐变得理所当然。但是，已经明确的一点是，初期职业生涯是正式雇佣还是非正式雇佣，决定了一个人在30岁以后是否有机会转变为正式雇佣关系（小杉，2010：152—162）。在不同性别初职和现职的相关关系的调查中，在男性以及不包含专职主妇、兼职打工的家庭主妇的女性案例中，如果初职是非正式雇佣工作，那么，现职也是非正式雇佣工作的可能性正在逐渐变大（稻垣、小盐，2013：295—298）。

因此，在20世纪90年代后半期到21世纪初期间进行求职活动的就业冰河期世代（1970—1982年出生的一代）中，有不少人受到当时就业难的影响，从学校毕业时只有非正式雇佣的就业去向，所以现在依然在不稳定的雇佣状态中迎来了中年期。为了对这些人予以援助，内阁府推出了一项开展集中计划的政策，即从2019年开始实施为期3年的"就业冰河期世代援助计划"，但是那些人消逝的时光已经无法挽回。像这样，毕业时的社会状况对那一代人之后的人生产生了巨大的影响。

而且，进入21世纪后，企业的劳动环境本身就开始恶化，出现了强制员工进行过度劳动、违法劳动，职场霸凌横行的，被称为"黑心企业"的公司。在此之前，实际上也存在"付出长时间劳动实现全身心的贡献和长期生活保障相配套的日本雇佣关系"，其回报是退休前的雇佣保障、保障男性家庭工资的加薪和晋升系统、企业福利待遇。由于这些回报的存在，人们对日本雇佣关系中的"黑心"一面熟视无睹（田中，2015：59；滨口，2013：220—221）。但是，20世纪90年代以后，虽然企业所带来的长期生活保障不断缩水，劳动场所却依然维持甚至加强对员工长时间、全身心的约束，因此开始出现"黑心企业"（田中，2015：61）。

现在的年轻人（甚至是所有成年人），在劳动环境、条件逐渐变得严苛的情况下，被迫开展撤退战。正式雇佣机会本身在不断减少，为了能让自己置身于稍微稳定的环境中，年轻人积极开展正式雇佣方面的求职活动，一旦就职，即使就职单位的劳动环境不佳，也会觉得因为是好不容易找到的工作而不能轻易辞职，从而形成一个很难辞职的负面循环。在这样的机制中，"黑心企业"不断横行泛滥（今野，2012、2015）。而且，年轻人从学生时代开始就卷入"黑心兼职"，也就是要求兼职学生长时间劳动以及完成严格指标的兼职工作（大内、今野，2015）。在此情况下，年轻人被黑心工作方式驯化，年轻人的劳动观念和工作方式也被塑造而成。

如此一来，尽管"家庭、学校、企业的三角结构"已经崩溃，但由于还没有出现代替它的系统，所以年轻人"从学校向社会的转变"面临着困难。

自己对风险社会中的转变负责

让人们生活在不稳定的状况当中的社会，直截了当地说就是风险社会。产业高度发展，之前以第一产业为中心的社会，将重心逐渐转移到第二产业、第三产业。在此过程中，一方面社会整体实现了经济增长，此前人们被习惯和规范束缚的生活，自由度有所增加，选择范围有所扩大。另一方面，产业的高度发展提高了全球变暖和生态系统被破坏等环境风险、核能发电和基因改造等技术风险、治安恶化和雇佣不稳定等社会风险，这会对社会中所有阶层的人造成影响。

此外，由于现代化，人们从地域社会和阶级的枷锁中解放出来，但与此同时人们也被原子化，每个人所面临的风险，不得不越过社区和集体，由个人来应对。也就是说，随着社会的发展，一方面对个人的禁锢有所减少；另一方面，正因为自由产生的不稳定、风险和不安逐渐增大，在此过程中强制性的自我决定和自我负责也在不断推进（贝克，1998）。

它显著表现在年轻人的转变过程中。根据宫本美智子的说法，围绕现代年轻人转变的状况，发生了：①风险的多样化、个体化；②风险的阶层差异化；③风险的普遍化。第一项风险的多样化、个体化，是指在"家庭、学校、企业的三角结构"下，以稳定的雇佣和家庭为前提的社会保障系统失灵，每个年轻人经历的风险开始多样化，一直以来所存在的疾病、衰老、失业等典型风险已经无法充分代表当前的状况。第二项风险阶层差异化，是指不同社会阶层应对风险的能力有着明显的差别，风险降临到处于低社会阶层人们的可能性会更大。此外，第三项风险的普遍化，是指在"家庭、学校、企业的三角结构"崩溃的过程中，不论任何阶层，年轻人的转变整体上都变得不稳定（宫本，2015：5—6）。正因为需要个人来应对这种劳动环境和就业形态多样化所带来的影响，所以年轻人才不得不奋起参加"求职活动"这种游戏，以求在更"好"的企业就业。

年轻人面临的围绕"工作"的纠葛

在社会原子化不断推进的过程中，年轻人的转变面临着困难。由于社会要求每个个体来应对困难，年轻人就被置于各种各样围绕着"工作"的纠结状态之下。

如今，一方面社会原子化和自我负责化不断推进，另一方面职业选择开始变得多样化、复杂化，变得更加自由。在这种情况之下，人们可以自由地选择工作，同时也会被外界强制选择自己的工作。而且，由于求学时间越来越长，也就是在走进社会能够独当一面之前的阶段变长，年轻人要度过长期的合法延缓期（小此木，2010），所以工作这件事情就被定位为一种合法延缓期对同一性的摸索。因此，工作的动机也就会从"谋生"转变为"寻找自我"，但是如果通过工作拷问自己"真正适合我的工作是什么样的""追随自我内心的生活是怎样的呢"，就很难看到"寻找自我"的目标。所以，年轻人在自己的转变过程中，很难拥有自信，会在抱有不安的同时陷入纠结状态（岩间，2010）。

此外，如果将目光投向女性，当今女性上班族承受着两种精神高压：①像"男人"一样在工作中实现自我；②早日成为母亲，发挥母亲角色的作用。同时，女性也处于被要求兼顾工作和育儿的处境当中（中野，2014）。

安倍晋三内阁虽然提出了"一亿总活跃社会"，但那是要求女性接受"'在劳动和生育两方面为社会作出贡献（服务）'以及'通情达理'的双重社会信息"，同时，能够完成"'女人要工作、要生育、要照顾老人'这种'超级困难游戏'"，暗中要求女性成为这种超级女性[1]。在《男女雇佣机会均等法》出台之前，曾有一本面向女性的自我启蒙书——《像男人一样思考，像女人一样行动，像狗一样工作》（牛顿，1980）——出版，要求现代女性除生育、养育孩子之外，还要工作。

兼顾在工作中的自我实现和结婚、育儿，不仅作为社会规范而存在，在个人内心当中也是作为内在的规范、理想而存在，这是一件令人困扰的事情，即使女性像"男人"一样在工作中实现自我，但实际情况是，如果没有结婚生子，也不会被视为憧憬对象或者模

---

[1] 河崎环，《令高学历女性眉头紧锁的社会过剩期待——'要贡献'但是丑陋是不允许的》，东洋经济在线，2016年11月2日，https://toyokeizai.net/articles/-/142978。

范角色。在就职的公司首次成为女性管理人员的单身朋友抱怨说"如果不是结婚生子的人担任管理人员,公司后辈的女孩子们也不会期待成为那样的人。即使我担任管理人员,也不会成为后辈们的榜样",我至今都无法忘记那个场景。

只有很少年轻人能够顺利实现"从学校到社会的转变"

那么,实际上有多少年轻人顺利地完成了从学校到社会的转变呢?儿美川孝一郎在图6中清晰地描述了将高中入学人员假定为100人时的转变模型。根据此模型,进入高中的100人中,有94人高中毕业,在毕业之前有6人离开学校,4人既不升学也不就业。高中毕业后就业的18人中,3年后继续工作的是11人,7人在3年内离职。进入专科学校的21人中,毕业后就业的是17人,4人不就业;就业的17人中,3年后继续工作的是10人,7人在3年内离职。升学进入大学情况是,虽然有51人走进大学,但6人没有毕业,毕业的45人中11人没有就业,6人升入研究生院等,就业的是28人;其中3年后继续工作的是20人,8人在3年内离职。如此看来,学校毕业后无缝衔接直接就职,3年后继续第一份工作的,高中毕业生有11人,专科学校等毕业生10人,大学毕业生20人,合计只有41人。

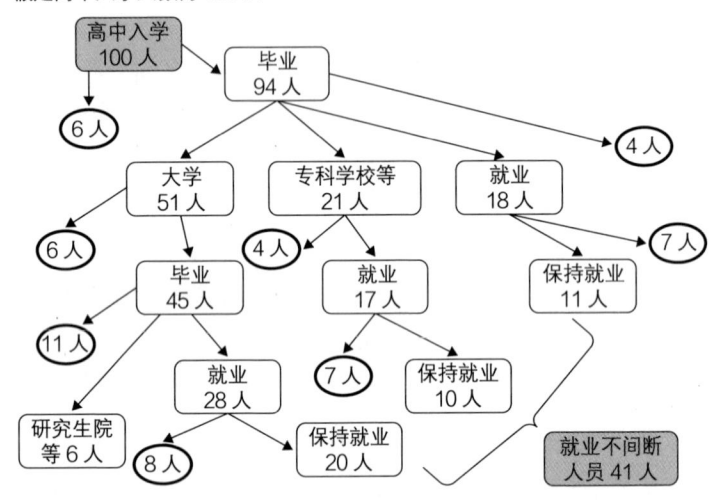

080　创造居场所：孤独与归宿的社会学

假定高中入学人数为 100 人……

```
高中入学 100 人 → 6 人
       → 毕业 94 人 → 4 人
            → 大学 51 人 → 6 人
                 → 毕业 45 人 → 11 人
                      → 研究生院等 6 人
                      → 就业 28 人 → 8 人
                           → 保持就业 20 人
            → 专科学校等 21 人 → 4 人
                 → 就业 17 人 → 7 人
                      → 保持就业 10 人
            → 就业 18 人 → 7 人
                 → 保持就业 11 人
```

就业不间断人员 41 人

图 6　高中入学人员转变模型

资料来源：儿美川孝一郎根据文部科学省"学校基本调查"（2012）、厚生劳动省"学校应届毕业生就业离职情况调查"（2012）制作，《职业前途教育的谎言》（儿美川孝一郎，2013）。

在我们所生活的社会中，人们认为从学校毕业后立即就业，一旦就业之后就一直在同一个单位工作是"理所当然"的，是理想的事情。因此，人们普遍认为不能偏离这条轨道，于是在感受到这种压力的同时进行求职活动或者工作。实际上，工作不曾间断的人员曾经在日本社会是多数派，是社会的"标准"。但是，如今在学校阶段或者就业工作的某个阶段原地踏步的年轻人是多数派。无论是遭遇挫折，还是不得不重新再来，都是"理所当然"的。如今，在人生道路上即使不笔直前行，或者不能笔直前行，已经不等同于脱离正常轨道了（儿美川，2013）。

在职业生涯教育和未来指导中，为了能够笔直地不断前进，学生会被建议进行充分的自我分析，在好的企业就业。这本身也许就是为了让人生更顺利走下去的有效方案。但是，从结果来看，能够做到工作不曾间断的年轻人只有四成，在这种现状之下，为了不偏离轨道而好好准备的这一信息，会转化为偏离轨道就会危险的信息，并对年轻人产生恫吓作用，其危险性非常大，需要引起注意。或许我们将社会打造成以下这样更重要，也就是传达出这样的信号：在人生道路上即使不笔直前行，或者不能笔直前行也没关系；在很难笔直推进的人生航线上遭遇挫折的时候能够得到知晓该怎么做的方法；即使实际遭遇不顺，个人也可以不用完全背负沉重的责任、不用蒙受所有损失。

第四章
不断改变的家庭形式

  在社会性不平等持续的地方，公共领域的契约程序有一种给予统治集团特权、剥夺被统治集团权利的倾向。

     （南茜·弗雷泽：《正义的中断：对"后社会主义"
    状况的批判性反思》，御茶水书房，2003年，第123页）

家庭为何物

听到"家庭"这个词，大家会联想到什么样的家庭形象呢？一般来说，说起"家庭"，也许不少人首先想象到的是有丈夫、妻子、孩子的家庭形象。但是，实际上，既有单亲家庭，也有同性伴侣，还有住在合租房和集体公寓的人，以及有事实婚姻的情侣，无论是家庭的形式还是居住的形式都已变得多种多样。此外，孩子也可以通过辅助生殖医疗技术等各种方式出生，形成亲子关系的方式也在变得多样化。

呱呱坠地时所属的家庭被称为原生家庭，通过结婚等方式结成伴侣再次创建的新家庭被称为再生家庭。无论是从原生家庭还是再生家庭来看，家庭形式的实际形态已经变得多样化，我们对家庭所抱有的认知也发生了变化，已变得多样化。在本章中，就让我们来探讨一下不断变化的家庭形式和家庭认知吧。

不婚者的增加

曾经，人生历程一般都是"上学、毕业后就业、就业几年后结婚、结婚后生孩子"，人们觉得所谓的"长大成人"就是这些事情。而且，结婚的对象曾经也被认为是白头偕老的人，但是现在无论是每个人的人生历程还是结成伴侣的形式，都不再是整齐划一的，而是发生了很大的变化。

关于伴侣的结成，正在发生两种戏剧性的变化：①婚姻作为伴侣形成的一般形式正在减少；②结成伴侣的形式变得多样化。

组建家庭的一般形式是结婚。日本从20世纪20年代开始结婚率一直很高，50岁时的未婚率不足5%，被称为"皆婚社会"。50岁时的未婚率是指到了50岁的时候从未结婚的人员比例。以前由于50岁时尚未结婚的人将来也不结婚的概率很高，所以曾叫作终身未婚率，但现在改名为50岁时的未婚率。虽然"终身"这个词改为了"50岁时"，但我认为把"未婚率"这个词改为"非婚率"更加确切。这是因为，"未婚"这个词指的是"还没有结婚"，它是建立在人总有一天会结婚的前提下而存在的，可以说使用"非婚率"这个词来单纯表示没有结婚的状态是更加客观的表述。

1985年以后终身未婚率持续激增，2015年50岁时的未婚率男性为23.4%，女性为14.1%，男性每4人中就有1人，女性每7人中就有1人一辈子都不结婚的可能性在不断升高（参考图7）。

50 岁时的未婚率
(%)

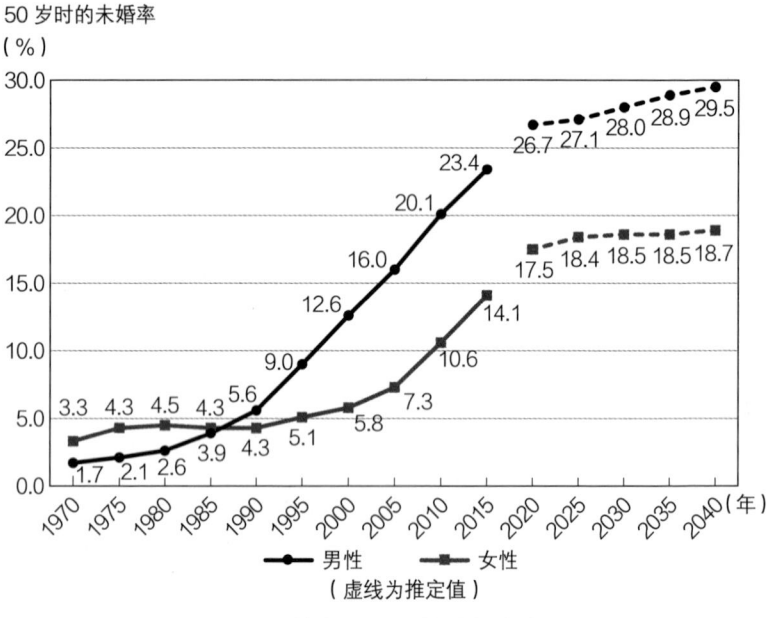

图 7　两性在 50 岁时的未婚率变化
（虚线为推定值）

资料来源：内阁府《2020 年版 少子化社会对策白皮书》，第 14 页，https://www8.cao.go.jp/shoushi/shoushika/whitepaper/measures/w-2020/r02webhonpen/html/b1_s1-1-3.html。

如果这么多人一生都不结婚，那么"结婚组建家庭才算是长大成人"的想法也将落后于时代。

多种多样的伴侣关系的蔓延

此外，还需要注意的是，"不结婚"并不意味着没有伴侣。结婚通常指的是法律婚。法律婚是通过向政府机关提交结婚申请而成立的，由此，两人的伴侣关系得到法律认可，伴随其中的是各种各样的法定义务和权利。

但是，如果希望夫妻异姓[1]，或者对伴侣关系由法律、国家规定抱有怀疑等，也有人选择不提交结婚申请而采取事实婚姻的情况。在日本，关于可选择性的夫妻异姓的讨论由来已久，但要实现可选择性的夫妻异姓貌似还需要很长时间。但是，放眼海外，从男女平等和尊重个人的视角来看，20世纪80年代以后夫妻异姓的趋势不断扩大，现在只有日本仍然不承认夫妻异姓（栗田、冨久冈、普拉多夏树等，2021）。因此，希望夫妻异姓的人，在日本会选择事实婚姻。但如果是事实婚姻，不能得到配偶纳税抵扣、生命保险抵扣、继承税、赠与税等税额方面的优惠。在享受保险和继承的时候，也不得不选择可以将事实婚姻的伴侣作为受益人的保险，或者必须写遗嘱，手续就变得非常复杂。虽然事实婚姻的伴侣也可以成为健康保险的被扶养人、成为国民年金的第三号被保险人、领取遗属年金，且社会保险方面也正在修订制度，但是法律婚和事实婚姻之间的差别依然非常大。

夫妻异姓制度大致可以分为可选择性夫妻异姓（可以在结婚时选择夫妻同姓还是夫妻异姓）或夫妻异姓（所有人结婚后姓氏也依旧不

---

[1] 当前日本法律规定结婚之后夫妻采用同一姓氏。有部分夫妻希望婚后保持不同姓氏。——译者注

会改变），韩国和新加坡采取夫妻异姓制度，是因为原本就没有结婚而改变姓氏的体系。日本不承认夫妻异姓的理由，可以列举出来的有家庭的整体感会变得淡薄，但有必要重新思考这个理由到底是否合理。

性少数群体的伴侣关系

前面，我们对异性伴侣进行了探讨，以同性伴侣为代表的性少数伴侣又是怎样的呢？首先，在日本由于结婚（法律婚）只能在男女之间进行，所以同性伴侣之间并不能结婚。但放眼全球，大约有20%的国家如荷兰、比利时、西班牙、加拿大、南非等，有保障同性婚姻和伴侣关系等的同性伴侣权利的制度[1]。例如，英国于2005年制定同性间民事伴侣关系制度，英国歌手埃尔顿·约翰在这一年与同性伴侣结成民事伴侣关系；2014年英国开始实施承认同性婚姻的法律，埃尔顿·约翰也在同年登记同性婚姻。根据婚姻和民事伴侣关系制度，虽然有人要求国家和政府行政认可与伴侣之间的关系，也有人不要求，但从埃尔顿·约翰的例子来看，长久以来是存在一些同性情侣在不断追求被认可的伴侣关系的，而在异性之间与伴侣之间的关系则理所当然地被公共认可。

在日本，2015年东京都世田谷区和涩谷区举行了同性伴侣关系

---

[1] EMA 日本，"世界的同性婚姻"，http://emajapan.org/promssm/world。

宣誓证明。以此为开端，以LGBTQ群体为对象的伴侣关系制度扩展开来，截至2022年9月，有232个地方政府引进了这一制度，人口覆盖率达到54.7%[1]。截至2022年6月30日，实际注册伴侣关系制度的情侣为3168对，可以看出性少数群体对伴侣关系的需求之大[2]。

浪漫爱意识形态的动摇

随着伴侣关系的多样化，性和结婚不一定会绑定在一起。在日本，非婚生子女很少，2019年的数据为2.3%[3]。为什么在日本非婚生子女很少？我认为是受到了依然根深蒂固存在的"浪漫爱意识形态"的影响。

浪漫爱意识形态是指"一生中只和一位对象坠入爱河，结婚生子"的故事，"'爱与性与生殖'是通过结婚而融为一体的"（千田，2013：39）。

在日本，非婚生子女只有2%左右，表明在婚姻的框架内生育的倾向非常强烈，但是在法国等一些欧洲国家，非婚生子女的比例

---

[1] 大家的伴侣关系制度，https://minnano-partnership.com/。
[2] NIJI BRIDGE，"涩谷区、彩虹色Diversity全国的伴侣关系制度共同调查"（截至2022年6月30日），https://nijibridge.jp/。
[3] 社会实情数据图录，"世界各国非婚生子女比例"，http://honkawa2.sakura.ne.jp/1520.html。

超过五成，生育和婚姻的联系正在逐渐变得不那么绝对。即使在浪漫爱意识形态占据优势的日本，现在一般情况下人们也不是和初恋结婚，而是和几个人恋爱之后再结婚生子。因此，一生只谈一次恋爱的情况并不多，但一旦进入恋爱关系，总有一天会结婚、结婚之后再生孩子的这种价值观可以说至今仍然根深蒂固。

从统计学家本川裕制作的"世界各国非婚生子女比例"来看，在20世纪70年代，无论哪个国家的非婚生子女比例都很低，生育、养育孩子的伴侣关系仍然以婚姻为中心。70年代后，非婚生子女出生率不断提高，2010年之后，在墨西哥、法国、葡萄牙、挪威、瑞典、丹麦等国已经超过了五成。欧美各国的非婚生子女很多，这表明在法律婚框架之外建立伴侣关系的事实婚姻很多，可以看出非婚生子女出生和非婚伴侣同居在这些国家司空见惯[1]。

此外，关于事实婚姻的形态，既有完全不提出法律申请的形式，例如法国的民事互助契约和瑞典的同居法等；也有虽不是法律婚的形式，但通过向政府申报事实婚姻的婚姻关系，就能得到法律保障的制度。有些伴侣就是基于这种制度来保持事实婚姻，也有伴侣在经过民事互助契约或瑞典的同居阶段之后正式走进法律婚。

从世界范围来看，伴侣关系和生育形式开始变得多样化，婚姻

---

[1] 社会实情数据图录，"世界各国非婚生子女比例"，http://honkawa2.sakura.ne.jp/1520.html。

制度和生育、育儿的分离不断推进。从这些数据中可以看出，在全球趋势下，人们已经不再那么受由爱情、性、生育三位一体所构成的浪漫爱意识形态的支配了。不过，刚才也提到日本的非婚生子女出生率是2.3%，虽然很低，但是也处于增加的趋势之中。

浪漫爱意识形态塑造了现代家庭的婚姻。如果尝试对日本的婚姻进行思考，可以发现基于爱情组建家庭的婚姻价值观确实是存在的，即在结婚的时候，会把彼此作为唯一的恋爱和性爱对象，其结果是生育孩子。事实上，在日本，自20世纪70年代恋爱结婚和相亲结婚的比例发生逆转以来，恋爱结婚的比例持续增长，人们将爱、性和生育融为一体，并以此为切入口选择结婚。

结婚夫妻的"后来"

那么，在结婚后的伴侣关系中，有多少伴侣关系是基于浪漫爱意识形态继续维持的呢？对此，我也抱有疑问。

实际上，如果观察一下日本夫妻的伴侣关系，可以发现夫妻关系是为了育儿而形成的共同体，而且这部分色彩更加浓厚，结婚之后一旦开始养育孩子，就会觉得恋爱情感和爱情不一定会一直持续。虽然日本的离婚率与世界的相比相对较低，但也许是因为日本夫妻关系作为育儿共同体发挥着非常强的作用，而欧美国家伴侣关系的形成是建立在夫妻间的爱情关系之上的。我怀疑日本的夫妻关系有着这样的一面：即使夫妻之间已经没有爱情，依然会作为育儿共同体，或者为了保持体面而维持夫妻的形式。这可以说与上面所提到的伴侣关系有重叠的部分。

例如，"假面夫妻"是指夫妻关系已经冷淡下来，虽然没有情绪上的交流，但依然生活在同一个房子里，户籍上仍然保持结婚状态的夫妻关系。假面夫妻这个词在日本很常见，很多人都知道。这种即使处于这种状态中也依然要维持夫妻关系的日本伴侣关系，放在世界范围内看的时候也许就不是那么理所当然了。

此外，在日本，还经常有人提出夫妻之间的性生活很少。一般来说，性冷淡生活指的是夫妻之间一个月以上没有性行为。日本夫妻当中，性冷淡生活的比例如今已经超过五成。在谈论日本的家庭关系时，会发现一旦孩子出生，夫妻便不再以性的爱情关系结合起来，而是作为养育孩子的伴侣来维持彼此的关系。这种关系作为一种共识，被认为是很正常的，结婚后夫妻经过一定时间或者生完孩子之后变成性冷淡也在变得"正常"[1]。

夫妻维持着婚姻关系，但是在婚姻关系当中性、爱逐渐消失的时候，还存在一种普遍问题，就是在婚外寻求性和爱的举动。以婚外恋、出轨为主题，1983—1985年播出的三季电视剧《给星期五的妻子们》大受欢迎。以此为开端，渡边淳一在《日本经济新闻》上

---

[1] JEX，"'JEX'日本性调查"，https://www.jex-sexsurvey2020.pdf。

的连载小说、于1997年出版的《失乐园》被改编为电影、电视剧，也曾掀起一股热潮。进入21世纪之后，比如《昼颜：工作日下午3点的恋人们》，还有根据老牌漫画家育江绫的漫画改编的电视剧《其实并不在乎你》等，以婚外恋为主题的电视剧不胜枚举。

也就是说，在日本，结婚的时候在浪漫爱意识形态的基础上加入了婚姻关系，生育功能被认为是夫妻间的专利，此外，在保持夫妻关系的同时性退居幕后，对此人们也没有很大的疑问，也并不认为结婚当初的浪漫爱意识形态中的三位一体是需要一直维持的东西。日本的浪漫爱意识形态观念，在婚姻殿堂的入口处是坚固的，但进入婚姻关系之后，可以说就变成了明日黄花，日渐式微。

婚姻是看爱还是看钱（现实）？

浪漫爱意识形态作为进入婚姻关系时的规范被提出并得到贯彻，但在结婚之后或者孩子出生之后，大多情况下夫妻关系则作为育儿共同体而被维系。我认为其中包含两个层面：一方面是真心相信爱情；另一方面爱情其实只是表面文章，实质上的婚姻是为了能够抚养孩子和维持生活，而守护家庭只是因为家庭是满足育儿和维生条件的环境，爱情就只是像糖衣一样掩盖这个事实的东西。

如果思考一下婚姻中的金钱因素，这一点会非常明朗。从统计上来说，婚姻和金钱的联系是非常强烈的。男性收入的多少直接与已婚率有关，很多人给出不结婚的理由就是金钱方面的原因，这也是现实。众所周知，男性的已婚率很大程度上受年收入和雇佣形式的影响。从图8中可以看出随着年收入的增加，拥有配偶比例也会升高，能赚钱的男性结婚的概率也很大；而且从男性的雇佣形式来看，正式员工随着年龄阶段的增长，拥有配偶的比例也在不断上升，非正式员工或者兼职人员拥有配偶的比例是正式员工的三分之一左右。

不同年收入男性拥有配偶的比例
(%)

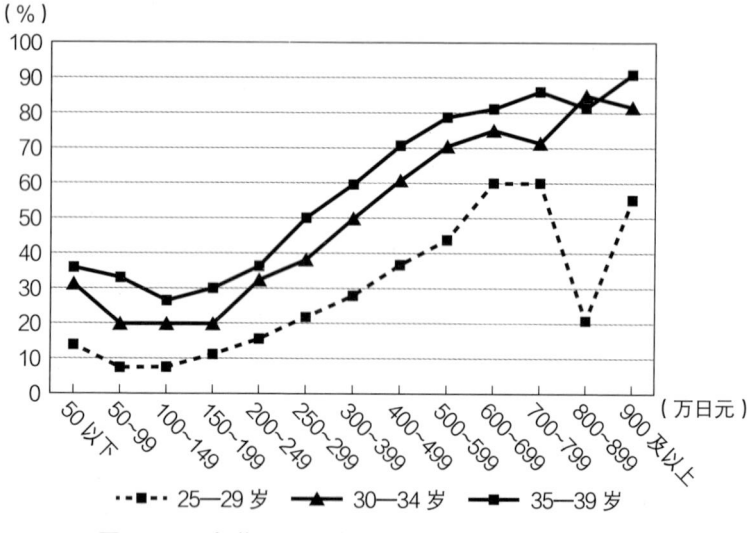

图8　不同年收入的男性在不同年龄段拥有配偶的比例

资料来源：内阁府，《少子化对策白皮书（2022年版）》，2022年，第20页，https://www8.cao.go.jp/shoushi/shoushika/whitepaper/measures/w-2022/r04pdfhonpen/pdf/s1-4.pdf。

在当今日本，虽然男女之间的工资差距在逐渐缩小，但是目前差距依然很大，事实情况是假设男性工资为100，女性的工资则是70左右。在这种情况下，对于女性而言，和能好好赚钱的伴侣结婚，便是她们的生存战略。

女方就这样寻求正式雇佣、能挣可观年收入的男性，而男方内心也已经接受了此种规范，因此如果自己是非正式雇佣员工，或者没有挣到可观的年收入，就会对此感到内疚或者自卑，对构筑伴侣关系或组建婚姻感到犹豫不定。

在婚姻中，虽然金钱的影响力是如此之大，但如果婚姻只是金钱、经济上的一种生存战略，那么即使双方的年收入较低，也可以通过两人共同工作来降低每个人独自生活时的成本。如果考虑到这一点，无论年收入多还是少，结婚也许都是合理的选择。

但是，由于男性应该是一家的顶梁柱这一观念的存在，日本人并不认可"一人吃不饱，两人吃得好"这种观点，也就是说，人们并不认可拥有家庭比保持单身生活更稳定、更能够生存下去的观点，这也许就是日本的特征。在日本，家庭的组建是建立在人们假定男性通过赚钱来维持家庭生活的基础之上的。

根据伊丽莎白·布雷克（Elizabeth Brake）的说法，结婚的本质和目的有：①承认成人之间的亲密关系，②家务劳动、育儿、照顾老人等再生产劳动（布雷克，2019：227）。日本的婚姻似乎有这样一面：以育儿为主的再生产手段的权重变大了，而保障成人之间亲密关系的作用减小了。同时婚姻的另一面承载着浪漫爱意识形态，和希望爱、性、生育通过婚姻达到统一的这一理想，以及男尊女卑的社会观念，所以婚姻作为陈旧的、过于现实的生存战略和观念的维持装置仍然发挥着作用。

国家、企业的管理和对国家、企业的贡献

像这样，婚姻是在满足社会价值观、规范和个人愿望的同时确立其地位的，但不能无视的一点是国家和企业将家庭作为促进现代化的手段。自从第二次世界大战日本战败之后，日本实现奇迹般复兴的背景是，将所有资源集中在丈夫身上，全家总动员一起支持丈夫的工作。曾经有过哪些具体制度呢？在经济高速成长初期的1961年，妻子主要承担家务和养育等再生产劳动，为丈夫从事生产劳动的环境作出贡献，在这一理念之下开始了"配偶抵扣"制度；然后在1987年又推出了"配偶特别纳税抵扣"。该制度规定，当兼职工作的家庭主妇收入不超过一定金额时，这位主妇可以成为配偶特别纳税抵扣的对象。如果妻子收入达到150万日元以上，配偶特别纳税抵扣的金额会逐渐缩小，收入达到201万日元以上就没有纳税抵扣。

此外，1986年设立了第三号被保险人制度。第三号被保险人制度是一项居民养老保险制度，是指进入公司职员扶养范围的伴侣可以在自己不缴纳保险费的前提下领取养老金的制度。进入公司职员扶养范围的伴侣，几乎都是妻子、女方，所以这个制度对确立女性的养老金权利作出了贡献。但是，社会保险的制度原本是基于缴纳保险费才可以领取保险金而设计的。因此，配偶不需要自己缴纳保险费，进入扶养范围就可以领取国民年金的制度，从设立之初就具有矛盾的性质。

单身生活的女性，即使年收入不到130万日元，也必须自己缴纳养老保险费。而能够领取扶养妻子费用的公司职员，则可以让他的配偶获得更多收入，于是在不必缴纳养老保险费的情况下就能够领取保险金、养老金的第三号被保险人制度，就变成了一个让标准的大多数——"拥有公司职员丈夫的夫妇＋孩子"形式的家庭——更占据优势的系统。此外，在企业的工资体系中，男性也被认为是扶养妻子、抚养子女的存在，为了向男性支付能够扶养妻子和子女的工资，男性工资金额是在家庭工资制度框架之下设定的，即支付给男性的工资比女性更高。这个家庭工资制度的构想，是以夫妻和孩子这种小家庭为基础设计并投入运行的系统：希望通过妻子支持从事工资劳动的丈夫这种形式，对国家和企业的生产作出贡献，通过妻子承担育儿和照顾老人的形式为再生产作出贡献。

在男女终身未婚率都较低，而且大多数家庭中的性别角色分工是丈夫主要从事工资劳动，妻子从事家务、育儿和照顾老人等再生产劳动时，配偶纳税抵扣、特殊配偶纳税抵扣以及居民养老保险中的第三号被保险人制度等这些制度被视为是合理的。然而，随着家庭形态的多样化，未婚男女数量增加，单亲家庭普遍化，这些制度如今则是对特定家庭形式的优待，导致不平等和具有不同属性者的割裂。

从最初开始，这些制度的设计就具有不平等的特性，但是人们一旦获得既得权益，就不会轻易地将之放弃。因此，现实的状况就是这些制度很难得到改变。

男性是公司职员，工作之后结婚、养育孩子，这样的家庭在日本社会当中是处于相对优势立场的标准的多数群体。与此相对，单身男女和单亲家庭的人们只是很少数，他们经常遭受权益损失，标准的多数群体的权利得到了保护，少数群体的权利被剥夺，这种实际状态的存在，已经成为一个加剧社会割裂的原因。

在非正式雇佣增加、终身未婚率升高（进一步说，由于女性作为劳动者被期待发挥的作用不断提高，正式雇佣工作的女性与非正式雇佣的女性在同时增加）、家庭形式和个人生活方式多样化的现在，昭和模式有机、高效地发挥作用的家庭和国家、家庭和企业的捆绑关系已经露出破绽。

如何看待性少数群体的婚姻

此外，如果对性少数群体的婚姻进行思考，会非常清晰地发现日本婚姻制度所具有的问题。正如本章开头所说，日本至今还没有认可同性之间的婚姻。那么，是否可以简单地说在日本的同性之间，只要婚姻得到认可就可以解决问题吗？并不是。这是因为婚姻制度具有"向国家申报结婚这件事，得到国家的承认，以此获得继承和领取社会保险等权利"的特性，也是国家通过管理而参与进来的事务。同性婚姻得到认可，一方面会给同性情侣带来与异性情侣同等的权利和认可，另一方面还会强化"当今标准的伴侣关系形式是通过异性恋走进婚姻"这一社会观念。

但是困难的是，我们就能够说可以没有同性间的婚姻制度吗？现实问题是由于性少数群体婚姻不能进入婚姻制度当中，所以很难获得继承、死亡时的保障以及作为夫妻应当享受的各种权利等，同性伴侣不得不完全承受难以展示彼此关系的权益损害。同性伴侣虽然可以通过结婚获得各种各样的权利和认可，但是会被置于这种矛盾的状态之中——对同性婚姻的追求会强化异性恋秩序；但是，如果选择不寻求一种基于婚姻制度的国家认可，就很难获得结婚之后才能轻易获得的权利。

但是，试着思考一下，会发现这其实是很奇怪的事情。异性情侣结婚的时候，不必认真地协商财产的分配和扶养方式，就可以怀着浪漫的心情轻松地步入婚姻制度当中。实际上，婚姻制度已经是由法律规定好各种义务和权利的世界。因此，结婚的时候即使没有严格思考彼此的义务关系和权利关系，也会在不经意之间进入义务、权利关系当中。

性少数情侣运用伴侣关系制度，"制作能够公开证明彼此权利义务关系的东西"，在制作写有彼此关系的公证证书的时候，会就非常具体的项目，协商决定"期待怎样的事情"，然后将其写在文件里。异性恋伴侣结婚常会省略掉这种刻意的决断。如果对性少数情侣的婚姻进行思考，就可以发现婚姻制度同时具有国家管理性质和个人之间的相互拥有的性质。

要求家庭具有什么作用呢？——家庭功能的向外迁移和仍有的照顾功能

那么如今，如上所述在家庭形态多样化的过程中，家庭需要具有什么样的作用呢？在以第一产业为中心的社会中，家庭作为生产共同体而存在。但是，随着第二产业和第三产业的发展，家庭和地域社会之间的纽带逐渐减弱，家庭所发挥的功能逐渐向外迁移。例如，从家庭所发挥的功能来说，如今感到饥饿的时候，无论是在便利店还是餐厅都能轻松地买到食物，但是在以前，不仅便利店的营业时间很短，在外就餐的产业也没有现在这么发达。因此，人们不得不在家里吃饭，"饮食"就成了支撑家庭这个共同体的重要因素，家庭这个共同体的存在反之也提供了"饮食"这个重要功能。

此外，如今因为有托儿所、幼儿园等机构的存在，所以一般情况下并不必须由监护人照顾自己的孩子，而是可以把自己的孩子委托给其他人。

如此一来，家庭所发挥的功能就向外迁移了，但即使如此，家庭也还留有一些功能，这些功能被社会学家塔尔科特·帕森斯（Talcott Parsons）称为"成人个性的稳定化"和"儿童的基础性社会化"（帕森斯、贝尔斯，2001）。如果思考一下帕森斯所提出的内容，就会发现家庭迄今为止所发挥的物理性功能在向外迁移，在此过程中，照顾家庭成员作为家庭应当承担的作用被保留了下来。

在护理保险制度得以建立、托儿所不断扩充的过程中，家庭所具有的照顾功能也呈现出逐渐向外迁移的特征。但是，由于家庭需要照顾孩子、父母、配偶的观念还依旧很强，所以就容易与在社会中所起到的就业等其他作用之间产生纠葛。也许可以说这就是现状。

同时，由于照顾老人和育儿这种家庭功能已经弱化，且逐渐向外迁移，因此可以说只能由家庭起到的各种作用在逐渐减少。在这种情况下，需要重新审视一下何谓家庭。

超越家庭幻想

正如之前所探讨的那样，现在人们看到的家庭形态开始多样化，更多的人在以不同于以往家庭类型的形态生活。在这种情况下，必须由家庭才能承担的功能呈现减少的倾向。此外，在社会逐渐流动、变得不稳定的发展过程中，可以看出婚姻作为以前的生存战略，不再能完全发挥出人们希望的作用，也并不能让所有人都从中得到恩惠。

如此想来，家庭虽然背负着各种各样的期待和功能，但也已经成为无法满足那些期待和功能的"超载的方舟"（法思曼，2003）。因此，接下来我想探讨一种超越家庭幻想的方案。

第一，可以重新考虑家庭所需要的功能。如今，将家庭背负着的过多的、各种各样的社会性功能划分为家庭以外的内容，通过功能转移的方式，将家庭应当承担的功能最小化，这叫作家庭的"通货紧缩战略"。例如，伊丽莎白·布雷克提出了"最小化婚姻"的概念，大幅减少对婚姻施加的制约。

第二，让家庭以外的发生联系的场所能够发挥此前社会要求家庭所发挥的功能，这也是非常重要的。就是让除第一空间——家庭、第二空间——企业和学校这些场所之外的社区能够承担社会要求家庭发挥的照顾功能和相互扶助功能。

近几年，零零星星地出现一些学生说"不想和处于恋爱关系中的异性结婚，而是想和合得来的朋友结婚"，而且还有学生将此作为毕业论文的主题。周围对这种言论的反应，大致都是非常有共鸣的，"我也是这么想的！"这样的声音层出不穷。这或许表明，恋爱观念和应该构建家庭的观念已经不再是固定的形式，年轻人开始更加自由地构想生活方式。

浪漫爱意识形态是爱、性、生育三位一体，家庭曾经是应该满足全部这些需求的地方，但是如果和朋友一起结婚，就不用期待对方满足这一切了。实际上，以现在20—39岁的人群为主体，能够以比一般的借宿稍微便宜一些的租房形式生活，此外住户之间偶尔可以一起吃饭、有着宽松关系的合租房生活也正扩展开来。共享特定价值和时间的集体住宅的尝试经验也在不断积累。这样的居住方式和生活方式，可以说是一种对满意的生活方式的合理选择。

此外，很多人和朋友彼此之间发挥着那些处于结婚或者恋爱关系中的情侣在生活中所发挥的各种作用，这种运动被称为"乐单族运动"。一起生活、聊天、吃饭……如果把这些事情当作家庭的专利，会让每个人在生活中得到满足的选项变得匮乏。这样的关系，如果能够得到企业和社会的认可，那么就可以期待人们的居场所有所增加。而且，如果要问在什么样的社会中做出这样的选择之后能够有居场所？我认为可以建设一个以个人为单位能够生活的社会（伊田，1998）。

以"性、浪漫关系、居住、经济共享、持续乃至垄断的欲求、婚姻所带来的权利的互惠性交换"为前提的异性恋范式（布雷克，2019：285），让家庭拥有了巨大的权利和责任。因此，人通过从属于家庭也能够获得巨大的权利、便利和利益，但与之相对应的是责任和负担也变得很大，将此种形态作为普遍性的事物去维持就会超过人的极限。

我自己在被称为"适婚年龄"时期想到的是"如果能够相信自己、对方和社会，也许就不再需要婚姻制度了"。在社会上生活的时候，①自己一个人能挣到一定程度的钱，能够获取各种各样的支持资源，能够应对各种各样的问题，就能够信赖自己；②自己如果能够相信恋爱关系的对方会一直喜欢自己，会珍惜自己；③如果认为自己陷入困境的时候，国家和社会能好好伸出援助之手，我认为婚姻制度就完全没必要了。在想要和喜欢的人组建家庭时，是人们对自己、对对方、对社会所感到的不信任和不安让大家走向婚姻。如果社会不是资本主义的、自我负责的社会，而是在自己失业或者陷入困境的时候，能够得到某种帮助的社会，也许人们与伴侣之间塑造关系的方式也会发生很大的变化。

虽然现在很多住在日本的人趋向于追求婚姻制度，但是如果这些人能够相信自己、相信对方、相信社会，也许就不会再拘泥于作为生存战略的婚姻了。

这样想来，我们虽然已经将浪漫爱意识形态内化于心，但同时我们可以看到其背后所隐藏的诉求——想要通过象征浪漫爱意识形态的"婚姻"来寻求精神上和物质上的稳定。

在第 16 次出生动向基本调查对未婚人员发放的问卷中，关于一生的结婚意向，八成以上的人回答"想要结婚"（虽说如此，但与 1982 年男性为 95.9%、女性为 94.2% 的比例相比，这一比例在逐渐降低；2015 年男性为 85.7%，女性为 89.3%；2021 年的调查中男性为 81.4%，女性为 84.3%，可以说是急剧减少）；但是，回答"一辈子不打算结婚"的人越来越多，这也是值得引起注意的一点。1987 年开展调查的时候，男性回答"一辈子不打算结婚"的人占 4.5%，但是到了 2021 年，17.3% 的人回答不打算结婚。回答"一辈子不打算结婚"的女性比例也和男性一样几乎一直处于上升趋势，特别是从 2015 年到 2021 年，从 8.0% 急剧增长到 14.6%[1]。

---

[1] 国立社会保障人口问题研究所，"第 16 次出生动向基本调查（结婚与生育相关的全国调查）"，2022 年 9 月 9 日，https://www.ipss.go.jp/ps-doukou/j/doukou16/JNFS16gaiyo.pdf。

如此想来，可以看出结婚已经不再是"必须要进行的活动"，同时人们也依旧生活在被要求形成伴侣关系的社会当中。

说一辈子不打算结婚的人们，正如刚才所说的那样，很难得到社会给予已婚人士的福利待遇和权利。为了防止这种情况发生，我们需要社会变成一个即使不结婚也不会在生活上感到不便，以个人为单位也能够生活的社会。

家庭是"超载的方舟"，而且如今原本就没有组建家庭、不希望组建家庭的人不断增加，在此情况下，人们很难对以家庭为基础的自己的未来蓝图放心。如果社会能够成为一个以个体为单位思考生存的社会，那么人们无论采取怎样的生活方式都能放心生活。我们不仅需要一个不结婚也能放心生活的社会，同时还需要谋求对纳税、社会保障、劳动、家庭关系法等综合改革，纠正只优待单职工夫妇的制度，打造一个公平的社会。

第五章
女性被摆布的生活方式

当一个问题仅仅是女性问题的时候,就不会被当作社会问题,但一旦将男性卷入进来,就会被当作社会问题,也许这正是我们应该直面的性别问题。

(金井淑子:《创造可以与众不同的社会》,
明石书店,2008年,第251—252页)

女性之间、男性之间观念、境遇的不同

现如今，女性可以在什么样的地方找到居场所呢？而且，什么样的女性更容易找到居场所呢？

女性在社会的哪里找到、怎样找到居场所，以及女性难以找到居场所的困境，在思考这些问题的时候，我们需要先思考一下女性在社会上的地位。性别差距指数（表示男女差距的指数）是表示女性在社会中地位的指标之一。2022 年 7 月 13 日世界经济论坛（WEF）发表的性别差距指数中，日本男女差距在 146 个国家当中排在第 116 名，排名非常低，如图 9 所示。这在东亚、太平洋地区也是最低的排名。

虽说如此，但在学生时期，女性因为身份而感到权利受到损害的机会也许不多。性别差距指数是根据①政治、②经济、③教育、④健康四个领域的指标测算出来的，教育领域的男女差距很小，所以人们在学生时期比较难以感受到性别的影响。

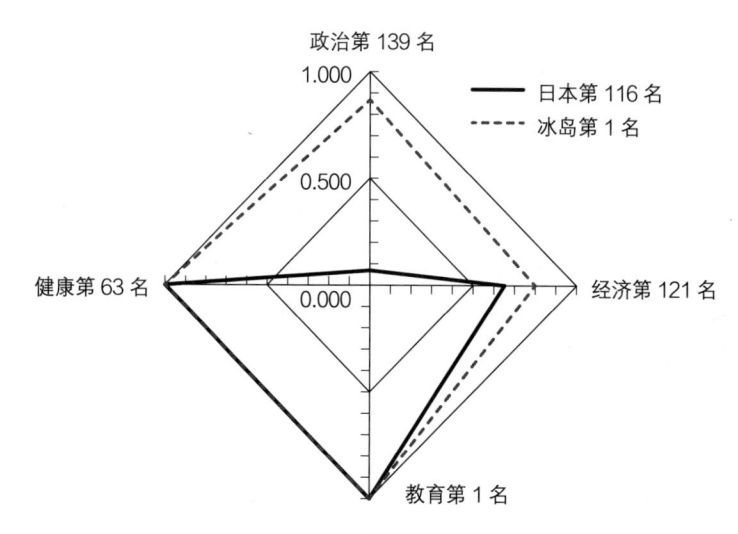

图9　日本性别差距指数评价项目（2022）

资料来源：日本 BPW 联合会，"2022 年男女差距指数（GGGI）"，https://www.bpw-japan.jp/japanese/gggi2015.html。

与此相对，在经济、政治领域男女差距非常大，人们在离开学校之后会强烈感受到男女差距。因此，随着就业来临，在进行求职活动或者从学校毕业成为公司职员的时候，人们就会面临男女的区别对待。例如，在求职活动中，男性更容易获得录用资格，女性更难获得录用资格，而且还存在不同性别在就业时有容易选择、难以选择的职业种类的区分等。

我自己也认为，在临近本科毕业参加求职活动之前的人生中，所有选拔都是根据自己的努力和努力的成果公平地进行，并不会在思维中画一道线——不管男人或者女人，只要思考我们作为一个人想要如何生活就可以了（2018年以东京医科大学为代表的大学中，发生了女性歧视和年龄歧视，所以实际上，就算在高考这一教育场合，也发生了女性歧视……此外，能够努力拼搏的环境本身并不是公平地分配给每个人的，其实并没有什么"公平"的竞争）。

但是，以求职活动为代表，在公司职员生活和之后社会生活的各种场合，女性要面对男女性别的划分，经历各种各样的观念和歧视，并且会发现那些不在男女行为规范范畴之内的人会被预先排挤在外，所以我切身感受到了从性别的角度来审视社会的必要性。

在选择公司工作的时候，女性更关注能否容易休产假、育儿假，孩子出生后能否容易继续工作以及公司的福利待遇，而这些方面很大程度上会影响自己作为公司职员的人生成败，所以成了女性选择公司的重要指标。而男性选择公司的时候，相比福利待遇，他们更倾向于看重自己想做的事情或者与生活方式有关的价值观。

女性在考虑自己的人生历程时，除了公司职员这个公共领域的角色之外，还会提高对妻子和母亲这种私人领域角色的关注。当然，无论是在公共领域还是私人领域，无论是男性还是女性，人们都扮演不同角色，这一点大家是一样的。但是人们对公共领域和私人领域角色的看法，有着很大的性别差异。

如果女性生完孩子，在孩子长到一定年龄之前不能加班、难以出差的话，工作方式就会受到很大的限制，由于公司方面也会这样对待正在抚养孩子的女性，所以面临"妈咪职业道路"这个问题的女性不在少数[1]。另外，很少有男性自己或者公司认为男性在孩子出生之后不能加班或出差。反而，男性自己会认为，甚至也会被周围的人说"因为有了孩子，所以必须更加努力工作"。

存在一种作为母亲、妻子而生活的社会规范

周围人更容易对女性在家庭这一私人领域中的作用产生期待，而且女性自身也将周围人的目光内化于心，所以容易将家庭视为首要的中心领域。而且，人们认为浪漫爱意识形态中"爱、性和生育通过婚姻这个媒介融为一体"（千田，2011：16），受此影响，婚姻对女性来说，往往是与一种角色期待相配套的，即成为妻子以及生育之后成为母亲。

而且，女性无论是在家庭内还是在家庭外，生活的同时还要满

---

[1]妈咪职业道路指的是一边抚养孩子一边工作的女性虽然能够兼顾工作和育儿，但只被分配不太重要的工作，陷入被排挤在升职、成功道路之外的情况。

足这种角色期待,所以在与女性有关的场所中,家庭是首要的中心领域,在满足母亲、妻子角色期待的基础上,其次才是能依靠的地方。这样一来,女性与和孩子相关的场所之间的联系就会变多,因为孩子无论是物理上还是精神上都需要很多能量的投入,妈妈团、育儿社团和PTA[1]等也皆因与孩子相关而产生。

在乍一看与母亲这一属性毫无关系的当地兼职打零工、地区社团活动等事上,个人具有什么属性也会影响到每天的行为举止和关系的形成。在当地育儿女性较多的兼职打零工的地方,大家认为结婚有孩子是"理所当然"的,以此建立起彼此之间的关系。

例如,村田沙耶香的小说《人间便利店》(文艺春秋,2016)中,主人公是一位36岁未婚女性,大学毕业后没有参加工作,连续18年在便利店打零工。从这部小说中可以看出,不符合30多岁女性结婚、生孩子、就业等社会期待的主人公是如何被周围的人所看待的。这部小说描绘了将不同的人套进某种刻板印象中的怪诞现象,现实社会中人们对像主人公那样的人的目光虽然并不像这部小说所写的那样,但也并不那么少见。

妈妈团、PTA等原本就是以母亲属性为基础来界定彼此关系

---

[1]家长教师协会。——译者注

的地方，但在兼职打零工的工作场所和地区社团活动等这些与母亲、妻子等属性没有直接关系的地方，却也存在这样一种现状——母亲、妻子这些属性仍然具有影响力。虽然没有那样的明文规定，但休息室里的对话和闲谈只会围绕母亲或妻子的属性而展开，或者女性会被问及有无伴侣或孩子。如果有人不能参与那样的对话，或者对那样的对话不感兴趣，就会感到不适。微歧视就是在日常生活中虽然不是非常明显，但是以无意识、难以观察的形式发生的微小歧视。女性是具有母亲、妻子等属性的，基于这种默认规范开展日常交流的场所，对于不具有这些属性的人和对那样的规范感到不适的人来说，就会变成每天持续遭受微歧视的场所（苏，2020）。

因此，没有结婚、养孩子的女性，对女性应该结婚、养孩子这种观念（不论自己实际是否遵循这样的观念）感到不适的女性，日常生活就有可能在所有场所都会感到不适，很难找到居场所。即使是已将这一观念内化于心的人，也会通过母亲、妻子这些属性来审视自己，总被要求回应这种角色期待也会令她们感到难以喘息。

被"援助"的都是怎样的人？

不仅仅是在思考女性和居场所的日常关系时，在思考女性和援助之间的关系时，我们也会发现个人具有什么样的属性对能否得到社会所提供的援助和便利有着非常大的影响。

正如第四章所述，全职主妇和收入在一定金额以下的兼职打零工的家庭主妇被认定为国民年金的第三号被保险人，不必缴纳养老保险费就能获得将来的养老金领取资格。一方面，这种制度是在假定主妇支持身为公司职员的丈夫，养育孩子的前提下，不用缴纳养老保险费就给予其领取资格。另一方面，单身母亲或者单身女性，即使收入在一定金额以下，为了将来能够领取养老金，也需要自己作为第一号被保险人或第二号被保险人缴纳居民养老保险费。女性在可以做全职主妇的家庭，不仅家庭收入水平相对较高，而且还可以不必缴纳养老保险费将来就能领取养老金。"公司职员的丈夫+全职主妇"的家庭被认为是标准的家庭形式，可以看出这些家庭是被置于特权地位之中的。

另外，如果将目光转向与女性和家庭相关的援助措施，首先我们可以发现针对育儿家庭有养育孩子的援助措施。如今育儿负担更容易集中在母亲身上，所以对育儿家庭的援助主要是针对女性的，有设立托儿所、儿童家庭支援中心等措施。

相比男性，女性的收入水平本来就比较低，而单身母亲一边抚养孩子一边工作，虽然工作时间和场所是固定的，但必须靠单身母亲的收入来维持生活，所以单身母亲的贫困率超过了50%，是非常严峻的状况。但是，健康保险和养老保险都必须由单身母亲自己支付，政府虽然会对单亲父母发放儿童抚养补贴，但援助并不能支撑整体生活。

像这样，一方面，如果社会认识到她们的存在，并且认识到应该对其予以援助，她们就会得到某种援助。但是，援助的力度也有区别，目前存在这样一种制度设计——更为社会所需要的人能够得到更加丰厚的援助。

另一方面，如果其存在原本就为社会所知晓，但社会没有认识到其需要某种援助的情况下，就很难给予制度保障或援助。非正式雇佣的单身女性正是那样的存在。因为脱离了正式员工保障，而且也没有凭借妻子或母亲的身份成为获得援助的对象，所以得不到任何援助。

实际上非正式雇佣的女性占整体的54.4%，即使是25—34岁也有34.3%，35—44岁为49.6%，45—54岁为56.6%，从人数来看在女性群体中占据很大比例[1]。但是，"女性结婚后有（全职工作的）丈夫是标准模式，所以女性就业是家庭的辅助性内容"。在这种普遍观念下，女性的非正式雇佣率之高并没有被当作一个问题。

---

[1] 内阁府，"I-2-7图 不同年龄阶段非正式雇佣劳动者比例的演变"，《男女共同参与白皮书（2021年版）》，2021年，https://www.gender.go.jp/about_danjo/whitepaper/r04/zentai/html/honpen/b1_s02_01.html。

女性50岁时未婚率为14.1%，每7名女性中就有1人在未结婚状态中度过了大部分人生（而且在日本，伴侣关系和婚姻关系的相关性很强，所以没有结婚通常也就意味着没有持续的伴侣关系），实际上这已经成为女性的标准生活方式之一[1]。截至目前，女性不稳定就业情况一直被搁置，因为此前女性就业都是以小家庭的妻子为主体，而现在却演变成了单身女性不稳定的生活基础，并得不到任何援助。

虽然有不少女性是单身，而且在非正式雇佣条件下生活，但由于与社会所认知的"标准家庭"不相符，所以也没有被当作社会问题来看待，即没有被看见。而且，由于未被看见，所以难以得到援助，即使想联系某些援助机构，也缺乏能够联系的资源（小杉、铃木等编著，2017）。

虽然不能确切无疑地说与援助发生关联就是好事，但是对具有某些属性的人施以援助措施，至少表示社会已经认识到那些人的存在。相反，如果人们没有受到任何援助，则表示其在社会中的存在不为他人所见，从而也就无法得到解决困难的帮助。

---

[1] 总务省，《2020年国情调查》，2021年，https://www.stat.go.jp/data/kokusei/2020/kekka/pdf/outline_01.pdf。

什么是女性"（被认为的）理想的生活方式"？

接下来，我想探讨一下女性"（被认为的）理想的生活方式"。20 世纪 90 年代后期开始，例如，1999 年制定了《男女共同参与社会基本法》，开始从制度层面推进男女平等和女性的社会参与。但是，从前文日本性别差距指数排名所展示的内容中也可以看出，实际情况是在工作方式和家庭形式等日常生活的方方面面中，性别角色分工依然残留着浓厚的男女不平等的色彩。

在这样的社会环境中，"理想的生活方式"正在发生变化。昭和时期（1926—1989），除了教师和公务员等部分职业以外，女性把因婚辞职和因生育辞职当作就业的前提条件，到了"适龄期"就结婚进入家庭成为全职主妇，以此为"理想的生活方式"。但是，后来逐渐变成，即使成为全职主妇，如果孩子长大了，也会去兼职、打零工从事雇佣劳动。以 1991 年为分水岭，全职主妇家庭和双职工家庭的比例发生了逆转。家庭情况的变化正是在社会期待和每个家庭情况互相交织中发生的。现在大家认为女性理想的生活方式是结婚生子，并且要作为雇佣劳动人员继续工作。社会对女性提出的要求越来越多，以至于女性必须在满足社会期待互相矛盾的要求的同时生存下去。

从女性被社会所期待的生活方式的变迁来看，可以看出被要求的内容也会随着时代的不同而发生变化，没有一成不变的"理想方式"。这样想来，社会所要求的规范并不是绝对的，如果能够分割成不确定的内容倒还好，但是因为非常难以界定其边界，所以就会产生生存的纠葛。

女性与社会参与

第二次安倍内阁于2014年提出"打造所有女性绽放光彩的社会"，2015年制定了《女性活跃推进法》，旨在通过女性在职业生涯中的积极活动，打造丰富有活力的社会。在此之前，女性一旦到了"适龄期"，就会被期待以结婚和生育为契机进入家庭，而不被支持活跃在公共领域。减少社会环境中妨碍女性在公共领域积极活动的问题，这一趋势本身就是令人乐见的。

实际上，近年来女性在产后继续工作的比例自2010年后急剧上升。在此之前，虽然婚后辞职女性的比例逐渐减少，但头胎出生后有六成的女性离职的情况持续了很长时间。然而，2010年以后，头胎出生后女性继续就业的比例超过了五成[1]。在那之前，产后女性没有可以继续工作的环境，对比之下可以看出女性能够继续职业生

---

[1] 内阁府，"2-18图 按孩子出生年份统计的妻子在头胎出生前后的就业经历"，《男女共同参与白皮书（2022年版）》，2022年，https://www.gender.go.jp/about_danjo/whitepaper/r04/zentai/html/zuhyo/zuhyo02-18.html。

活的环境在不断得到陆续完善，这可以说是巨大的进步。但是，其中还有三点令人担心。

第一，对女性生活方式规范的加强和统一。女性在生孩子之后也能够选择继续工作这件事本身虽然令人乐见，但是如果这个选择代替了曾经的女性结婚生子之后就停止工作的规范，作为新的规范统治天下的话，那也很难说女性获得了自由、女性的生活方式变得多样了。

当女性通过工作"绽放光彩"成为唯一价值的时候，就会产生一种风险——不想通过工作绽放光彩的女性，不想或者不能选择那种生活方式的女性，在社会中就很难找到居场所。而且，对于想活跃在公共领域的女性来说，如果这作为强有力的规范运作起来，还有可能转化为令人难以喘息、身心俱疲的精神压力。我们需要的不是只聚焦于一种价值观的，而是能够感受到多种价值观和生活方式并存的环境。

第二，谁会支持生育后仍然继续"活跃"在职场的女性。为了在产后也能和以前一样继续工作，需要有人代替父母照顾孩子。在日本，托儿所等保育措施的设立快速推进，保育员和保育妈妈等保育劳动者代替父母承担着孩子的看护工作。但是，被称为"粉领工人"[1]的保育劳动者，大多以低工资工作，即使与产业整体的月平均

---

[1]保育员和护士等是较多女性从事的职业。由于主要是女性，且多穿粉色制服，故被称作粉领工人。

工资相比，还要少5万日元，这是当前的行业特征[1]。如果女性的社会参与是以从事保育劳动的其他女性的牺牲为代价，那将会是严重的剥削。

　　脸书公司（Facebook，现更名为 Meta）的董事谢丽尔·桑德伯格是女性社会参与且绽放光彩的代表性例子。谢丽尔·桑德伯格在 2013 年出版了《向前一步》一书，这本书也成了畅销书。在这本书中，虽然社会中还存在女性活跃的壁垒，但女性也可以为了追求成为商务领袖挺身而出（向前一步）的。但是，女性像这样处在领导职位并与男性一起工作，就要在工资劳动上花费很多时间，因此育儿、照顾老人和家务等再生产劳动就需要其他人，很多时候是粉领工人来承担，但整体上粉领工人的工资比其他劳动者还要低。如果女性想要担任以长时间劳动为前提的超级精英职位，而这必须建立在剥削从事低工资劳动女性的前提之上，那么谢丽尔·桑德伯格所代表的社会，只是把再生产劳动的负担和不平等强加给了其他女性。

　　如果以权力精英为代表的女性参与到工资劳动之中，保育和看护等工作也会随之增加，女性通过从事这些工作可以实现社会参

---

[1] 根据 2020 年的工资结构基本统计调查，全产业平均月工资为 30.77 万日元，而保育员的平均月工资为 24.58 万日元。（东京新闻，《保育员、护士职业的工资提升——"创造真正惠及劳动者的制度设计"》）

与。看起来在社会舞台上"活跃"的道路正在向所有的女性敞开，但必须指出的是，这也是一种会产生新的割裂的、危险的东西。

第三，对社会舞台上不"活跃"女性的忽视和对当事人意愿的轻视正不断加深。从多次问卷调查中可以看出，很多就业女性实际上并没有特别想出人头地（"想绽放光彩"）。例如，"三菱UFJ调查和咨询"的调查结果显示，希望成为管理职位的女性仅为男性的一半，为15%，而不想成为管理职位的女性约占47%，男性的比例约为32%[1]。

虽然日本女性担任管理职位的比例在逐渐增加，但与其他国家相比显著偏低，女性担任管理职位还没有成为普遍现象（参考图10）。如果想要在女性管理职位较少的企业中成为管理人员，女性就被要求采取让任命管理职位的男性认可的工作方式。因此，为了符合男性的评价标准，就意味着要求女性发挥比男性更高的能力。而且，由于日本的家务负担没有男女平均分担，因此如今女性的负担依旧很大，所以女性不但要完成曾经所被要求的家务劳动，工作中也必须负责且得到认可，也就是要承担双重责任。

---

[1] 三菱UFJ调查和咨询，《关于女性管理职位的养成、录用的调查·关于男女继续就业和升职意愿的意识和实情》，2020年5月25日，https://www.murc.jp/wp-content/uploads/2020/05/seiken_200525.pdf。

女性公务员比例
(%)

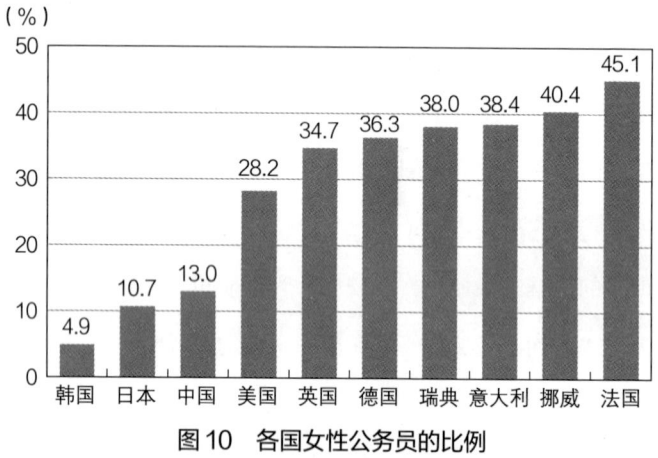

国家	比例
韩国	4.9
日本	10.7
中国	13.0
美国	28.2
英国	34.7
德国	36.3
瑞典	38.0
意大利	38.4
挪威	40.4
法国	45.1

图 10　各国女性公务员的比例

资料来源：国土交通省，《2021 年版国土交通白皮书》，2021 年，https://www.mlit.go.jp/hakusyo/mlit/r02/hakusho/r03/html/n1232000.html。

而且，因为人的精力是有限的，所以把精力投入公共领域的工作中去，就会减少分配给私人领域中的精力总量。特别是女性，难以平衡工作和私生活的风险很高。因此，在私人场合的女性特性中往往伴随着牺牲幸福的一面。

男性基本上年收入越高已婚率也就越高，虽然年收入超过 1000 万日元之后已婚率呈现下降的趋势；相反女性以年收入 600 万日元为分水岭，收入越高已婚率越低。在此背景之下，有些情况是将获得高收入的时间、精力投入工作中，因而投入私人生活中的能量就有所减少，也有些情况是虽然女性偏好选择高收入男性，而男性并不想选择收入比自己高的女性。无论怎么说，我们可以看出女性在公共领域的活跃，会伴随着在私人领域的收益减少的倾向[1]。

女性生活方式产生的纠结状况

正如刚才所说，"（被认为的）理想的生活方式"会随着时代的变化而变化，所以现在20—39岁的人和40—69岁的人、70岁及以上的人，他们标准的生活方式各有不同。但是现在40岁以上的女性的生活方式中最普遍的人生历程应该是以家庭主妇这个属性为主的。虽然在结婚、生孩子之前都在工作，但是她们以结婚、生孩子为契机成为全职家庭主妇，过着以育儿和家务为中心的生活，等孩子慢慢长大、不必随时照顾的时候，就开始做兼职工作，之后也不会参加正式工作，而是继续作为全职主妇生活。

在男性挣钱的模式中，女性作为妻子、母亲从事家务、育儿、照顾老人等私人领域的无工资劳动，男性则在公共领域从事工资劳动。为了让男性一个人的工资足够支撑家庭，曾经存在"家庭工资"——一种男性的工资会随着孩子的成长生活费和教育费用增加等随家庭

---

[1]《2017年就业结构基本调查》，2018年7月13日，https://www.e-stat.go.jp/stat-search/files?page=1&layout=datalist&toukei=0020053 2&tstat=000001107875&cycle=0&tclass1=000001116995&cycle_facet=tclass1&tclass2val=0。

成员的变化而变化的论资排辈型的工资制度（野依，2017：22）。

而且，如上所述，从1986年开始实施第三号被保险人制度，让参加企业职工养老保险的第二号被保险人（即公司职员）的配偶，如年收入在130万日元以下就可以成为第三号被保险人，即使自己不缴纳养老保险费，将来也能领取养老金。第三号被保险人制度，推崇妻子支持丈夫工作，并以将来领取养老金的形式回报妻子的贡献，支持妻子的晚年生活。而且，如果年收入不到130万日元，也能够进入所扶养配偶范围，自己就不需要缴纳国民健康保险费用。

由于年收入超过100万日元需要缴纳居民税，年收入超过103万日元需要缴纳所得税，所以兼职工作的家庭主妇们在丈夫的扶养范围内，或者说在不必缴纳居民税和所得税的范围内工作。实际上，因为主妇们主要承担照顾丈夫、孩子或父母的责任，伴随着结婚、生育、丈夫的工作调动、育儿、照顾老人等人生阶段的变化，生活状况会频繁发生变化，全职工作的门槛很高，所以可以短时间劳动的兼职、打零工这种雇佣形式也符合其生活方式。兼职、打零工的工资和正式员工的工资相比非常低，社会保障也不充分，但只要是公司职员的妻子，就与主妇想在扶养范围内工作的需求一致，所以低工资就没有成为太大的问题。

但是，没有依靠男人挣钱养家的女性——单身母亲、高龄单身女性、单身女性，由于没有男性正式员工拿着家庭工资来扶养自己,所以兼职、打零工的低工资就直接造成自己生活不稳定,且更容易陷入贫困的境遇(野依,2017:22)。

可以说全职主妇和兼职工作主妇的"稳定",只有选择夫妻这种家庭形式才能够维持。也就是说,为自己的"稳定"作出贡献的社会保险制度和兼职、打零工的低工资,一旦脱离了夫妻这种家庭形式就会变成给女性带来很大不利,让女性陷入贫困的风险因素。

因为被排除在劳动市场之外,不得不囿于家庭

如此一来,女性容易被排除在能够充分参与的劳动力市场之外,女性的人生也因此受到限制。

第一,由于很难充分进入劳动市场,或者如果想要充分进入劳动市场,就不得不放弃通过被丈夫扶养从而获得的养老保险领取资格等权利,因而家庭主妇接受了来自劳动市场的排挤。这就会屡屡导致家庭主妇的居场所被限制在家庭范围内。如果同一性的塑造仅依赖家庭,就会驱使女性通过照顾丈夫和孩子获得存在认可,进而使其与以劳动市场为代表的公共领域的关系变得淡薄。但是,正如贝蒂·弗里丹(Betty Friedan)指出的"没有名字的问题"一样,作为全职主妇生活,她们经常会被称作"××先生的妻子""××的妈妈",因为是某人的妻子、母亲而得到认可,但被剥夺了称呼、认识女性自己名字的机会(弗里丹,1965)。

第二，如果不按照社会规范结婚，女性在不稳定环境中生活的可能性就会提高，她们一旦想到此就会觉得只能结婚，然后就会因为将核心价值寄托在家庭之中而失去家庭以外的居场所。

第三，全职主妇、做兼职的家庭主妇保持自己的身份，会导致那些与做兼职的家庭主妇在相同劳动条件下工作且独自谋生的人变得更加贫困。全职主妇、做兼职的主妇所得到的稳定，是以单身且非正式雇佣劳动者的不稳定生活环境为代价的。

这种状况造成了已婚女性和非婚、未婚女性，正式雇佣人员和非正式雇佣人员的割裂，实际上也让同样在不稳定中生活的人们变得更加难以相互理解、相互支持。

兼顾家庭和工作的女性所面临的生存困境和可能

接下来，我们来探讨一下现在20—39岁女性的典型模式——结婚生育的同时继续工作的女性们的状况。她们是让产后也继续工作成为标准的"休育儿假一代"（中野，2014）。

至此，从六成女性生育后离职的状况可以看出，一方面女性的选择有所增加，另一方面，由于女性在产假、育儿假之后继续工作的这一转变速度和男性（或以男性为中心的企业社会）转变的速度并不一致，女性即使休完育儿假回归到工作中，也难以在公司"和男性一样"从事很长时间的工作，不会被委以重要工作，而被挤上妈咪职业道路。由于家庭中女性和男性不平衡的家务劳动负担，女性不得不承担工作、育儿、家务。即使女性这样工作的同时拼命养育孩子，也会因为政府没有将税收充分投入育儿当中，导致她们工作挣来的钱全部投入孩子的教育、抚养费中。

末富芳、樱井启太将这种情况描述为"日本社会的现状就是将育儿和照顾的责任推给父母，特别是母亲；不允许父亲参与育儿工作；只让父母来负担教育费用"，这是"育儿惩罚"（末富、樱井，2021）。在政策上被称为"女性绽放光彩的社会"，但其实质是让不少女性就像脚掌在水面下拼命挣扎的水鸟一样，勉强维持工作和育儿。

然而，这种情况也在一点点变化，我们也能从这种变化中感受到更多的可能性。比如男性育儿假休假率，如图11所示，2005年以前几乎等同于没有，2015年逐渐增加到2%左右，2020年以后急剧上升，2021年度达到13.97%。育儿不再仅仅是女性的任务，也是男性的责任，企业也在打造能够养育孩子的环境，这种动向正在逐渐形成。话虽如此，实际上，有六成女性休了10—18个月的产假，然而五成以上的男性产假不足两周，"育儿假"在不同性别中的定位依然有着很大的差别[1]。

---

[1] 厚生劳动省，《2021年雇佣平等基本调查》，2022年，https://www.mhlw.go.jp/toukei/list/dl/71-r03/07.pdf。

在 2021 年 8 月总务省发布的提议书《实现新时代的工作方式——"日本类型的远程办公"》中,以往一直使用的"'工作生活平衡'(Work life balance)一词,由于具有以工作为中心思考人生的潜在含义",所以建议改为"'生活中的工作'(Work in life)这个词",表达了实现个人和组织的福祉(Well-being)的意愿。

男性育儿假休假率的演变
(%)

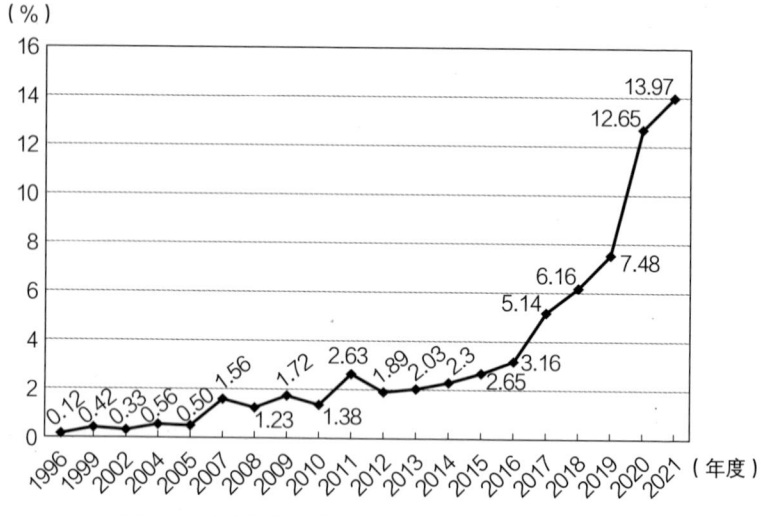

图 11 男性育儿假休假率在 1996—2021 年的变化

资料来源:厚生劳动省,《2021 年度雇佣平等基本调查》,2022 年 7 月 29 日,第 22 页,https://www.mhlw.go.jp/toukei/list/dl/71-r03/07.pdf。

毕竟社会一直以来也在逐渐发生变化,也许重要的是相信这个社会能够向比现在更容易生活的方向转变而行动。

此时，我们还需要充分认识到我们处在这样一种情况当中——贫富差距扩大，能够组建家庭的人们和条件不太优越的人们之间的差距在变大，生活的同时还能够思考工作和生活关系的人和难以做到如此的人之间容易产生割裂。不落一人的社会变革，或者怎样选择才能尽可能让被落下的人最少，如果不将这一课题放在重要的位置，社会就会变得怨念交织。

打造属于99%人群的女性主义

前面我们探讨了女性是在怎样的环境中经营职业生活和家庭生活的。从中可以看出，在男性中心主义、企业中心主义的价值观下，女性的劳动无论是有偿劳动还是无偿劳动都被结构性地忽视和剥削了。

为了经济利润的最大化，男性工资模式得到采用，而且由于以长时间劳动为前提，产后女性会被排挤到妈咪职业道路上，或者随着少子老龄化的发展，一旦劳动力不足，政府就会加大育儿援助力度，女性就会重新回归到有偿劳动的体系中来，每个人都在强烈地受到这种体系的影响。相比男性而言，其对女性特别是社会地位较低的女性影响更大。

但是，像谢丽尔·桑德伯格那样女性出人头地成为权力精英的例子中，结构本身并没有改变，只是一部分女性获得了男性化的名誉。

女性结婚、生孩子、成为全职主妇或者做兼职的主妇，表面上看起来好像处于得天独厚的情况当中，但这个结构基础上存在企业和男性对女性无偿劳动的再吸收。而且，一方面现在的情况是，虽然全职主妇和做兼职的主妇会受到优待，但另一方面，终身单身的女性和单身母亲不但得不到优待，还让男女之间、女性之间的割裂不断扩大。

在这种情况当中，任何人都会陷入痛苦之中。为了对此做出变革，钦齐亚·亚鲁扎（Cinzia Arruzza）、蒂蒂·巴塔查里亚（Tithi Bhattacharya）、南希·弗雷泽（Nancy Fraser）提出了构建"并不是资本主义性质的新的社会形态"的必要性，追求"首要工作是对社会性再生产毫不吝啬地进行公共援助，然后保障性别解放所需的物质基础，为种类更广的家庭形式、个人关系重新设计的社会"，并将此作为"属于99%人群的女性主义"提出（亚鲁扎等，2020：79）。

为了维护某些人的利益，其他人蒙受的损失不被看见，且被当作正当的行为，所以不同立场的人们之间被割裂开来。"属于99%人群的女性主义"剔除掉了这种零和游戏，并向我们呼吁开展更具多样性的、获得广泛支持基础的活动。

与其千辛万苦与各种各样的人进行磨合维护自己的利益，不如同时思考更多人的福祉，这种社会也许会让人的幸福指数变得更高。"Work in life"到底指的是什么呢？我们想怎样生活于其中呢？就让我们一起思考这个问题，做好寻找大众幸福的准备吧！

第三部分

为了过上有居场所的生活

第六章
只是作为人而发声

斗争既是一个契机,也是一所学校。它可以改变那些参与其中的人,挑战我们以前对自我的理解,重塑我们对世界的认知。

(钦齐亚·亚鲁扎、蒂蒂·巴塔查里亚、南茜·弗雷泽:《属于99%人群的女权主义:一个宣言》,惠爱由译,人文书院,2020年,第107页)

我们的生活与"社会的理所当然"的关系

我们平时按照社会的"理所当然"行动、生活。但是，所谓的"理所当然"，仅仅是某个特定社会的"理所当然"，绝对不是普遍的标准。例如，在日本的铁路站台上，电车来之前沿着乘车口排队是理所当然的，不排队就想坐电车的人会遭白眼。但是，去外国一看，人们根本不会整齐地排队。看到零零散散随意上电车的人们，我们就会发觉日本的"理所当然"和其他国家并不相同。

即使是同在日本社会，"理所当然"也会随着时代的不同发生变化。曾经，公开询问有无恋人，向他人灌输"结婚后才能独当一面"的主张，默认在酒会上要求年轻女职员斟酒等是理所当然的。但是，随着对性骚扰的认识逐渐加深，人们知道现在应该避免冒昧地询问私人事务，避免在酒席上把女性当作服务人员。

从女性的就业情况也可以看出，从第二次世界大战后到20世纪80年代前后，一般都会把婚后离职当作惯例。但是，到了20世纪80年代、90年代，以结婚为契机辞职的女性开始逐渐减少，第一胎出生之后才辞职的趋势越来越强。进入21世纪10年代，生育第一胎后继续工作的女性比例开始超过产后辞职的女性。在这50年里，观念发生了大逆转，从女性结婚后应该辞去工作转变为不论结婚之后还是生孩子之后都应该继续工作。

也就是说，"今天的'理所当然'可能就是明天的反常"。但是，生活在"今天"的我们，不知不觉中就会认为遵守今天的"理所当然"是好事，容易批判地看待那些不这么做的人。人是厌恶、害怕变化的，但是厌恶变化的倾向会令社会变得僵化，人的生活方式受到限制，最终还会造成有时令自己难以生存的后果。如果我们抱有"'理所当然'是会变化的"这样的认知，并且认识到社会形态的变化有可能会沿着这样一种方向——自己认为"要是变成这样就好了"，有可能就会变成这样（虽然有时也许会朝着自己抵触的方向变化），这样一来也许我们看待社会的态度就会有些许改变。

人们通过发声联系在一起，社会通过发声而改变

那么社会是怎样变化的呢？一般来说，日本社会是沿着执政人员所决定的方向变化。刚才所介绍的婚后女性就业状态的变化，是由于男女平等进程不断高涨而产生的，在1985年的《男女雇佣机会均等法》和1999年的《男女共同参与社会基本法》的推动下，婚后继续就业的态势扩大了。进入21世纪10年代后，急速发展的产后继续工作进程，是在这种危机感——必须解决少子老龄化造成的劳动力减少问题——中得以推进的。这些进程虽然受到了世界趋

势、社会思潮的影响，但基本上都符合执政者的安排与意图。所以，也需要警惕随波逐流。

社会不仅仅是按照执政者要求而改变的，普通人也就是当事人的声音也会对社会产生影响。例如，举一个古老的案例，全世界从古至今，参政权都是由没有参政权的人们奔走呼号而获得的。

在日本，反对安全保障相关法案的学生团体结为 SEALDs（追求自由和民主的学生紧急行动），在国会议事堂前举行抗议活动，关西地区、东北地区、冲绳、东海地区等地也有该团体，来自年轻人的声音受到了关注。

不能说这些运动都达到了最初的要求，也有未能"成功"的部分。但是，对不赞成的事情发出"不"的声音，谋求自己想要的形式，周围人就会受到发声者的影响进而予以回应，这些事情有着非常大的意义。虽然每个人对社会现状都有自己的想法，但如果没有行动，就不能让大家看见不被人充分知晓的事情，并传播给他人。

针对其他社会事件还有反对性暴力和性侵害的活动。2017 年10 月，通过社交网站，美国电影行业的性骚扰和性暴力侵害得以揭露，然后陆续有人控诉自己所受到的性侵害，一直以来被默许的性侵害得以公之于众，同时施害者也受到了社会制裁。

在日本，2017 年以伊藤诗织为代表的人们虽然有所发声，但并没有引起太大的波澜。伊藤诗织虽然站出发声，但反而受到抨击，受害者发声更有遭遇二次伤害的风险，所以甚至会让人认为最好不要轻率地发声。但是，2022年3月，电影导演园子温和演员木下凤华的性侵害行为被多个女演员告发后，4月三浦紫苑、山崎直子等18位作家发表声明说："身为影视原作者，我们寻求消灭电影行业的性暴力、性侵害。"之后，山崎直子在社交网站上发布消息称"想在文学界打造没有性暴力的土壤"，在公众中引起广泛反响。

反对性暴力与性侵害的活动在日本虽然没有立即大范围展开，但在人们心中逐渐酝酿成熟，到2022年各类人士开始发声，逐渐推动社会发展。一般来说，我们评价各种各样的活动的时候，有一个特征是根据短期内取得了怎样的结果或成果来评价其意义。但是，有些活动即使短期内难以看到成效，也会在人们的内心深处产生共同的情感，或者影响人们的价值观，在人群中产生某种联系，影响到若干年月之后的行动或活动，进而也能改变社会。想要发出自己的声音，传达自己的所思所想，就会一点一点地推动社会和人类前进。

藤高和辉基于朱迪斯·巴特勒的"麻烦"理论，对"麻烦"所具有的可能性作出了如下论述。

引起"麻烦"，或者进入这种状态，可能会有这样一种危

> 险——将自己暴露在容易受伤的状态中。但同时，"麻烦"当中还有比这更宏大的内容——批判地质问这个社会，促进改变的潜力。（藤高，2022：28）

"麻烦"是很棘手的东西，这毋庸赘述，如果能够避免，人们还是想避开的。但是，人有时会面对无法忽视的事情。对这种事情发出自己的声音，容易给人带来困扰，带来棘手的事情，引起"麻烦"。而且，有时甚至会因为自己发声而被当成麻烦制造者遭受苛责。例如，企业内部检举是员工向外部的政府监督部门或报道机构等检举企业内部发生的不正当行为，尽管这是正当的行为，但检举内幕的人反而变成了引起"麻烦"的人，被当作企业叛徒，更有甚者会因此在那个组织里失去立足之地。

棘手的事情会给人带来痛苦，而如果不发声情况也不会变得更糟。相反，如果发出声音，或许问题会得到改善，但由于发声而受到清算，情况可能会比以前更加糟糕。一个地方越没有自我净化功能，个人就越会因为发声而被当作制造"麻烦"的人，结果就是会进一步发生伤害自己的事情。

然而，通过如此发声，社会上大家默认"就是这样"的事情就能被提上议事日程，得到重新审视，推动改变。处于困难处境中的人身为困难当事人不得不独自一人承受其后果，这虽然不合乎道理，但现实就是如此。正因为不发声问题就不会得到改变，所以要站在肯定"麻烦"的立场上，期待"麻烦"诱发的改变。

"被当作不存在"是不能忍受的

那么，说到发声为什么重要，我认为是为了不让"存在"的变成"不存在"的。

社会是以多数人的想法和利益为中心运行的。这里所说的多数人，既指人数多，也指拥有决定权的社会层面的"多数"。选举是让获得票数多的候选人当选，把数字层面的多数支持反映在政治中的事情。在日常生活中，即使在微观场景中，多数人仍具有很强的影响力，比如在决定如何举办校园文化节演出节目的时候，通过投票决定就是根据多数人的意见决定的方式。此时，如果校园"种姓"级别更高的学生影响力更强，情况就会变成社会层面上的"多数"声音得到彰显。学校校规就是以社会层面的多数群体——教师的逻辑运行的，可以说是极好的例子。发型的限制、随身物品的限制、裙子的长度等，很多学校都存在让人不解的校规，但是却得不到大部分学生的支持，而这些校规都是根据校方、教师这些社会层面的"多数"，以"指导学生"的名义决定的，约束着校园生活。

如此一来，被多数人认可的规范或大家认为理所当然被约束的日常生活，会约束人们的价值观和行为，但这种日常生活中经常会出现难以进入多数人视野里的事情。

长久以来大家所设想的"标准家庭"是由夫妻和孩子构成，其中男性作为正式员工工作，女性作为全职主妇照料家庭或兼职工作。支撑这种家庭结构的是，向男性员工支付能够养家的工资，也就是家庭工资。取而代之的是，由于兼职工资只是那些领取家庭工资的家庭的辅助性收入，所以被控制在无法维持生活的低水平上（通过低工资雇佣兼职或临时工，企业可以获得更多的利润，这部分利润或是反映在正式员工的工资中，或是反映在设备投资和留存收益这些对企业有利的事情中），在配偶的扶养之下，支撑家庭的全职主妇或者做兼职工作的主妇，作为第三号被保险人即使没有支付保险费，也有领取养老金的权利。如此一来，对社会所认为的理想的"标准家庭"更加有利的制度得以逐渐完善。然而，没有男性扶养的单身母亲或没有结婚的非正式雇佣劳动者，在低工资条件下被迫过着不安稳的生活，而且由于不是"标准家庭"，这种状况曾经很长一段时间都没有得到应有的改善。

在非正式雇佣不断增加的过程中，进入21世纪后，为了保护非正式雇佣劳动者的权利而开展活动的非正式团体受到了关注。工会迄今为止都是建立在正式雇佣的前提之上，根据企业和产业创建而成的，但是非正式雇佣劳动者联合起来，要求更多权利的活动也在逐渐高涨。可以说，这是非正式雇佣劳动者对以正式雇佣劳动者为标准的社会发出的声音，是表明其存在的举动。如果被看作是"标准"的形式，其存在就更容易为人所知，但如果偏离"标准"的形式，往往就容易被当成"不存在的东西"。正因为如此，才有必要为自己"是否存在"而发声。话虽如此，非正式团体的活动也主要是由男性组织起来的，那些男性也是将得到正式雇佣、拥有稳定工作和工资保障作为"标准"，所以非正式雇佣的女性存在感仍然很低。

在这种情况下，栗田隆子认为自己身为非正式雇佣劳动者、单身女性，"在这个社会中'成为不存在的人'。虽然并不想引起关注，但'被当作不存在的人'是不能忍受的"（栗田，2019：28）。自己确实存在着，尽管如此，却并不为周围人所知，让人难以接受。

在无意识当中进行的"抹除""非现实化"

于我而言，开展研究的出发点是什么呢？我认为真正的出发点是自己变成"不存在的人"的经历。我父亲在我上中学之后不久就因为心脏病去世了，那时正好是父亲因被所在公司裁员，和母亲一起开设公司的时候。这些经历可能听上去很悲惨，但是父亲是个很开朗的人，因为被裁才有了充裕的时间，所以还和朋友一起去外国野营，和母亲一起开设公司的时候看上去也很乐观，就像是"今后要做有意思的事！"所以我并没有那么担心。但是，由于父亲的去世，事态急转直下，我虽然读的私立学校，但生活却并不那么富裕，需要靠奖学金贷款维持学生生活。

当时我所就读的学校，有很多家庭比较富裕的孩子（而且，我自己在那之前不久也是"富裕家庭的孩子"），他们会在便利店买果汁，放学回家时顺便去快餐店等，而我在这些日常细节当中感受着他们和自己家庭差距的同时，装出一副特别不想去便利店和快餐店的样子。但是，我内心对那时候的生活感到苦闷和自卑，满怀着对未来的不安而生活。

有一次，我听到同学爽朗地说："将来想帮助有困难的孩子，想在联合国儿童基金会工作！"我心中就像有什么碎了一样。那个孩子所看到的"困难的孩子"的世界就像在电视上看到的那样，是世界范围的贫困世界，绝对不是日本国内日常生活周围的贫困，我所经历的心情和状况，或许没有进入她的视野当中。我切身感受到，在看似阳光普照之下的同学们的世界当中，我这样的人也许就是不会进入同学视野的"不存在的人"。而且，推动"社会"的正是诸如长大成人后的、同班同学那样的人，我之所以很难进入这些人的视野，并不是因为他们怀有恶意，而是由于没有被看见所以得不到认知,从而被当作是"不存在的人",被弃之一旁放任不管。我觉得那个同学是个温柔、心地善良的人,我也曾喜欢她。但是,即使是温柔、心地善良的人,如果所生活的世界不同,也不会注意到身边人的困难,不知不觉中就会把他人的困难变成"不存在的东西"。

朱迪斯·巴特勒说,被"压迫"是指其存在本身在被可视化、被认知的基础上而仍被否定的状态,而"抹除"和"被当作不存在＝非现实化"则是把某些人仍然活着的"现实"这件事情本身当作不存在,这两者是有区别的(藤高,2022:40—43)。如果受到"压迫",则能够对受压迫的状态提出异议,但是如果被"抹除"、被"非现实化",潜在的主体就不复存在了,甚至都不能提出异议。所以首先必须要从表达诉求开始——自己并不是"不存在的""不曾存在的",而是真真切切地存在着。

被当作是"不存在的"是难以接受的。但是,把"存在的"当作"不存在的",并不一定是出于想要抹除其存在的恶意,而是因为原本就没有认识到其存在,所以有时甚至都不会对其怀有恶意或某种情感,而就将其当作是"不存在的"。

我们不能认识到自己经验和视野中没有的东西,因此有时就会在无意识中,将实际存在的东西当成"不存在的东西"。所以,人们无论怎样反省、留意自己的认知范围,"抹除存在的暴力"都在运行当中。在逐渐意识到自己就是这种人的同时，还要意识到如何能够注意到自己认知之外的存在，并为之努力。

与此同时，还有必要认识到自己有时也会被当作是"不存在的"。某些人即使存在却被当作"不存在的人"，这是种暴力/权力作用。对此，将其当作"不存在的人"的一方或者社会，本应该意识到"不存在的人"的存在。但是他们既然原本就没有认知到，所以也就无法意识到。等着让社会和对方认识到自己的存在，就会造成这样一种后果——自己永远都会被当作是"不存在的"。所以，这就要求我们为了表达自己并不是什么"不存在的人"而发声。我们不仅被当作是"不存在的人"，甚至不得不付出那样的辛苦劳动，这是很沉重、很不合理的事情。所以必须发出声音，虽然被当作是"不存在的人"，被置于没有权利的状态之下发出声音是非常痛苦、非常艰难的事情。

不安会夺走我们对他人、对世界的关注

接下来，我们尝试探讨一下把存在的人当作"不存在的人"的那些人。我想，他们可能也有不得不这样做的苦衷。

我从 2014—2017 年参与了名为"Yurufemi 咖啡店"的活动。该活动以"让我们互相了解再携手"为口号，在一家关注各种性

别问题的杂货店里进行。这个杂货店一直以来致力于打造"既不是学校,也不是研究会,也不是艺术项目的,崭新的空间"。很多人对女性主义和性别等词汇没有亲近感或者怀有抵触情绪,但只要生活在社会当中,在所有地方都会遇到与性别有关的担忧("为什么录用为综合职位对女生不利?""为什么会根据外表随意判断别人,然后一直套入刻板印象对待他人呢?""为什么只有母亲需要想办法在孩子出生后要保住工作,而父亲的生活不会有太大的变化?""为什么女性会那么犹豫要不要成为管理人员呢?"等)。如果对这些担忧视而不见,或者个人想办法糊弄应对,最终社会什么都不会改变,个人会持续感到违和感和精神压力,甚至不得不奋力做出不合理的事情。我认为重新审视这种情况,寻求建立一个更加容易生存的社会就是女性主义,"Yurufemi 咖啡店"将会成为一个可以让一直以来认为女性主义和性别问题与自己无关,对其敬而远之的人们接触到女性主义和性别问题的场所。

它既不是学校也不是学会,我在着手准备的时候将其想象为各种属性的人们能够聚集的场所,所以邀请了交往多年的朋友,她是正在抚养孩子的公司职员。我和那个朋友,无论是学生时代还是长大后,都会偶尔谈及生活和社会上的事情,所以我想这也许能够引起她的关注。但是,这位朋友回答说:"每天的生活和家人关系就已经让我满满当当,每天想的只是怎样早点回家,晚饭吃什么,孩子心情之类的问题。我觉得阿美所构思并付出行动的事情非常好，但是我自己却什么都没有思考，感觉它离我很遥远。"

我听了之后，虽然出于共鸣附和地说"是啊，你真辛苦啊"，却在想为什么她必须生活得那么忙碌呢。我遗憾地认为我想象的场所对她来说也许是一个契机——能够帮助她找到不那么忙碌的生活方式。虽然我设想的是一个各种各样的人都能来的地方，但是它看起来并不像是那种地方，我也感觉它没有变成那种地方，反而成了反省的素材。同时，我也感受到她拥有家庭和工作等这些重要的东西，也在出于对重要东西的珍惜而努力。正因为如此，为了守护着这种以自己的家庭为圆心、半径 10 米以内的幸福，脑海中才一直想着这件事情，但是把自己的视野聚焦在家庭，会让半径 10 米之外的事情变成"不存在的事情"，想到这里我就觉得很痛苦[1]。

研究市民活动的田村梓指出："正因为'此刻此处'是不确定的，所以我们追求身边最低限度的稳定，结果就将他人——社会上的少数人，以及尚未存在的后代们——赶出了自己的生活圈和大脑"（田村，2020：200）。多数人连自己都是尽最大努力保持着生

---

[1] "Yurufemi 咖啡店"中比较年轻的成员正在增加，现在也在不断举办活动。有关活动内容请参考官方网站：http://yurufemi.org/。本章所介绍的内容是每项活动中制作的传单和"Yurufemi 咖啡店"发行的 Zine《Yurufemi Magazine Vol.1》（2016）中的句子。

活的平衡，为了使生活稳定而竭尽全力，没有时间关注"自己"以外的世界，可以说因此也会感到痛苦和不安。

民主主义能够变革当今的资本主义系统，安东尼奥·内格里（Antonio Negri）和迈克尔·哈特（Michael Hardt）将这种民主主义多种多样的构成主体称为"大众"（Multitude）（内格里、哈特，2005）。关于大众所拥有的潜能，的场昭弘讲道："一无所有的人们，如果不联合起来就不能生存下去""因为一无所有所以能够联合起来"（的场，2017：32）。从各种各样的社会活动中确实可以发现这一点，这也正在成为促成另一种社会和生活方式的力量。

但是，大众之所以没能成为改变整个社会的浪潮，我认为是因为很多人虽然生活不稳定，但是为了拥有一些"东西"、为了不再失去那些"东西"而拼命地守护着它们，因而没能联合。如果为了不失去现在拥有的东西，将其紧紧握在手中，那么那只手就不能用来和他人牵手了。看起来像是处在多数派的人们，如果能够认为即使放弃现在所拥有的东西也无妨，我想就能有越来越多的人联合起来，但是找到实现这一点的方法并不是一件简单的事情。

拥有能够放心对话的场所

被认为是"不存在的"人们，或者拼命守护自己现在所拥有的东西而意识不到与自己不同的他人的存在,没有余力与他人携起手来的人们,如果要摆脱这种状况,朝着更容易生存的方向走下去,所需要的是什么呢?为了抛砖引玉,我想提出的一点是要有能够放心对话的地方。

当被认为是"不存在的"的时候,人会被置于"无力"(Powerless)的状态之中。在这种情况下发出声音是极其困难的。至于在那种处境中如何才能发出声音,也许就是需要拥有一个可以放心发出声音的地方——可以放心对话的地方。

栗田隆子讲述了能够放心对话的地方、非专断的教育"场所"存在的必要性。能够放心对话的地方,可以说是我们赖以生存的条件(栗田,2019:29)。栗田隆子反复强调,"为了找回自己在社会中的居场所,有必要创造出不仅仅停留在个人技巧层面的沟通、对话",需要一个"安全交谈的场所"来传达自己的心情与生活状况(栗田,2019:165)。在与他人的联系中建立起来的沟通场所里不断放心对话(或互相倾听还称不上对话的自言自语)的过程中,人们就会注意到自己的"心结"和违和感,然后通过言语将其表达出来。

Darc 女性互助组是帮助药物成瘾、酒精依赖症女性的组织,上冈阳江在这里重复了很多次同样的话,通过互相理解彼此的心情,可以讲述自己的故事,于是自己曾经所经历过的痛苦就会变成安静的悲伤。因此,据说她会在互助小组中倡导"在内心平复之前不停地说同样的话"(上冈,2010)。在能够放心地讲述夹杂着痛苦的自我经历的地方,同样的话无论讲多少次都有人倾听,而自己也能倾听他人的讲述,如果人不断积累这样的经历,就能从"无力"的状态中恢复力量(Empowerment)。

此外,对于为了拼命守护自己现在所拥有的东西而没有余力的人们来说,通过放心讲述出自己的矛盾和心结,听取他人对此的意见等,也许就能够整理自己的所思所想,发现一种和自己现在拼命做的方法不同的方法。

联合国教科文组织在《学习权宣言》(1985)中提出如下内容:

> 学习权即阅读和书写的权利、提出问题和思考问题的权利、想象与创造的权利、了解人的环境和编写历史的权利、接受教育资源的权利、发展个人和集体技能的权利。……学习权不仅仅是经济发展的手段,必须将其视为一项基本权利。学习活动位于所有教育活动的中心位置,是将每个人从任人摆布的客体变为创造自我历史的主体的东西。……

持续疑问,深入思考,解读自己的世界,不仅仅能够形成个体的力量,还能形成集体的力量。通过学习,就会意识到自己是怎样的存在、想要追求着什么，重新编织自己的历史，成为主体，而不是作为任由社会环境摆布的客体而生存。人们可以通过那种能够安全放心地教育、学习的场所来增强力量，发出声音。

那个时候的发声方式，也许夹杂着杂音，和某人一起发出的声音，也许不是个人强有力的、具有说服力的声音。但是，如果强迫一个人自己用坚定的声音有逻辑地表达意见，人们就会犹豫要不要公开发表意见。此外，在有逻辑的、结构性的表达过程中，重要的东西有时会被抛弃、遗漏。正因为如此，即使不是有逻辑性的、结构性的，没有充分总结好的声音，嘈杂的声音，也可以被表达。在放心地说出自己的话、倾听他人讲述的过程中，我们能够发现自己的所思所想，这正是我们需要的对话场所——既不是作为强者也不是作为优秀的人，而是作为一个人能发出声音的场所。有这样的场所，人就会发生改变，然后这就有可能成为改变社会的力量。

第七章
必须自立吗？

自立的价值是资本主义国家的统治原理。这将焦点从社会性改善的视角转移到自我责任上。社会性不平等这一议题因而被边缘化。

（樱井智惠子：《反自立——相互依赖项目》，广濑义德、樱井启太编《被迫走向自立的社会》，Impact 出版会，2022 年，第 56—57 页）

自立是什么？

大家认为自己是自立的吗？你认为什么是自立的状态？人们一般认为自立是指自己工作获得收入，在经济上不依赖他人就能生活，但这就是全部吗？日常会话中所说的自立，更多偏向于经济上不依赖他人就能够生活的经济自立，但实际上自立的含义是更为多层的。自立主要由三种要素构成——经济自立、生活自立、社会自立〔厚生劳动省社会保障审议会福利部门会议：《关于生活保障制度形态的专门委员会报告书》，2004；内阁府：《"关于青年全面自立援助方案的讨论会"报告（会议主席：宫本美智子）》，2005；这两份报告中均从这三个方面对自立进行了讨论〕。但是，报告重点内容因对象（青年、女性、老年人、残疾人等）不同而各有所侧重，并不是认为一定要全部实现三要素。

例如，如果是年轻人，实现自立的首要因素就是可以通过工作达到经济自立。从《青少年培养措施大纲》等政府文件来看，鉴于当今"青年社会自立的滞后和不适应社会人数有所增加"的情况，帮助"青少年就业、离开父母的照顾、参与公共活动、作为社会一员过上自立的生活"，作为重点课题被提了出来。

与此相对，以残疾人和老年人为对象的场景中，政府从维持和提高 ADL[1] 能力、自己能够开展生活活动这种日常生活自立的视角来思考自立的基础。

像这样，自立的必要条件，会因讨论对象——青年、女性、老年人、残疾人等——的不同而有很大的变化。

虽然社会当中对自立存在各种形式的看法，但 21 世纪初出现的促进转变期年轻人自立的政策就是一个例子，其后，又出台了从多个方面推进自立的政策。例如，2005 年日本政府制定并实施面向领取生活保障人员的"自立援助计划"，2006 年开始实施《残疾人自立援助法》(2013 年 4 月起改为《残疾人综合援助法》)，2015 年 4 月开始实施《生活困难者自立援助法》。

这些措施和法律从社会方面促进某个特定属性的人群自立，可以看出自立是社会对个人提出的规范性价值要求。而且，从中也可以看出社会以自立援助政策的形式，要求年轻人、残疾人和生活困难人员应该发挥社会成员的作用。

自立，表面上看起来对任何人来说都是理想的状态，是应该实现的价值。而且自立的状态比尚未自立的状态看上去更好，所以很难否定"应该自立"的这一要求。但是，要求人们应该自立的这种社会压力越来越大，会对我们的日常生活产生什么影响呢？正如开

---

[1] Activities of Daily Living。称为日常生活活动，是维持日常生活最低限度的必要活动。

头所说的那样，自立有着多重含义，这对我们看待自立的态度会产生什么样的影响呢？

自立、自律、自助和依赖

在思考自立这个词所具有的多重含义时，还有必要探讨与"自立"相关的概念——"自律"和"自助"。这三个词翻译成英语分别为"自立"——"Independence"、"自律"——"Autonomy"、"自助"——"Self-help"。翻译为"Independence"的"自立"的意思是不从属于谁，而是独立的存在，而自我约束的"自律"的意思是不受他人支配、控制，"自助"则是不受他人帮助。

一方面，从各自的关系来看，"自立"是构成"自律"的一个要素，也是使"自律"成为可能的内在条件，二者是无法相互分割的关系。另一方面，现代市民社会中被认为是"自立"的市民，在经济层面和身体层面是自助、自律的人。因此，现代市民社会中的自立有着这样一种结构——限制了具有多重意义的"自立"的含义。

人们一般认为"自立"与"Dependence"（依赖）的反义词"Independence"含义相同，从中我们可以看出，在谈论"自立"的时候，一般我们脑海中首先浮现的是个体，认为依赖他人的状态并不是"自立"。

但是，现代社会是一个高度分工的、所有行为都由他人行为作为支撑的、有组织的分工社会。因此，像鲁滨逊·克鲁索那样的自助式"自立"是不可能实现的。这样想来，我们就可以明白完全不依赖他人的"自立"在理论上是不可能的，"自立"与"依赖"并不是单纯意义相反的词汇。

例如，让我们思考一下夫妻关系中的自立和依赖。全职主妇在经济上依赖工薪族的丈夫，但是让妻子做家务劳动，丈夫就可以把精力集中在工资劳动上。从这个角度看，可以说是丈夫依赖妻子。而且，这种二人生活模式是依赖企业中称之为家庭工资制度的雇佣工资体系。同时，企业生产活动之所以能够顺利进行，是因为在这个家庭工资制度之下，妻子承担了很多家务劳动，对丈夫进行了物理和精神上的照料。所以，企业是间接依赖家庭制度以使自身的生产活动正常进行。从这个例子中可以看出，实际上自立并不是以个人为单位实现的，而是以家庭为单位、以组织为单位实现或者进行判断的。但是，很少有人意识到这一前提，所以在判断自立的时候，几乎都是从一个视角——某个个人能否自立——进行判断的。

自立这个词所追求的价值，会因个人情况不同而有很大不同。上文已指出经济自立、生活自立、社会自立这三个视角主要规定了自立的含义，但是人们并不认为这些要素都同等重要。

例如，假设有人既没有从事工资劳动，也没有挣到钱，但是从事做饭、洗衣服、打扫卫生等家务劳动，能在精神上感到很满足，安稳地在家中生活。这样的人，到底是像以前所说的高等游民[1]一样的存在，还是现代语境中被称为啃老族的那一部分人？虽然有模棱两可的地方，但是即使没有经济上的自立或者就业自立，生活自立、精神自立也依然都能实现，从某种意义上说这是维度非常高的自立[2]。但是，这种状态的人基本不会被看作是自立的。

相反，完全不做饭、不洗衣服、不打扫卫生，在老家生活，在日常生活中又完全依赖恋人，如果不经常联系就难以平静下来（这样的人应该有很多吧……），这样的人处于既不能生活自立也不能精神自立的状态。然而，一些人通过工作赚钱实现了经济自立，他们则被认为是自立的，生活在社会当中也不会被视为问题。

也就是说，一般人们认为自立的最大标志是经济自立，认为自立的人是那些处于能够工作赚钱状态中的人，其首要目标是要努力工作构建自己的生活。而且，人们不一定将就业视为老年人和残疾人等人群日常生活的前提，对比较难以通过每天工作实现经济自立

---

[1]"高等游民"一词在明治时期至昭和初期被广泛使用，是指在大学接受过高等教育，也没有经济压力，只靠读书过日子的人。——译者注
[2]高等游民是不从事工资劳动挣钱，而通过非劳动收入能够生活的人，所以称其为"并未经济自立"并不准确。

的人所要求的自立形式也有所不同。例如，在生活困难人员中老年人和残疾人所占的比例很高，但是近年来的政策趋势是并不要求他们达到经济上的自立，而是要求他们达到社会自立，也就是与社会保持联系、参与社会。自立就是这样被区分使用的。

此外，未从事工资劳动的女性一手承担做饭、洗衣服、打扫、育儿、照顾老人等家务劳动，在此情况下，如果这位女性是全职主妇，大家就不会认为她没有自立。但是，如果这位女性只是充当帮无业丈夫做家务的角色，那么即使她承担了家务、育儿、照顾老人等家务劳动，也很难被认定为是自立的。从这个例子中可以看出，实际情况中自立是根据家庭内的角色来判断的。但是，这样的判断前提是隐藏在日常生活之中的，看上去宛如就是在平等的标准下以个体为单位判断的一样。

而且，正如后面所述，在残疾人的自立生活活动中，残疾人自己规定了自己想要实现的自立状态，拒绝了第三方规定的自立状态，这与上述场景形成了分庭抗礼之势。这件事情本身虽然非常重要，但将其放在有关自立的整体语境中时，残疾人可以实现"自我决定的自立"，但是健全人必须自己努力赚取自己的吃穿用度，像这种因人员属性不同自立要求也不同的不平衡，也需要引起我们的注意。虽然一律要求同样的内容也是不恰当的，但是根据各自的属性和角色规定所应当实现的自立、社会要求的自立存在等级差异，这同样也是一个问题。社会对残疾人和健全人所要求的自立状态有所不同；或者说目前社会存在这样一种双重标准：如果是家庭主妇，即使不从事工资劳动，只要承担家务劳动就没问题；但是如果不是家庭主妇，人们就应该从事工资劳动。抑或是存在这样一种第三重标准：即使男性作为家庭主夫更多地承担着家务劳动，人们也会因为这个人是男性而认为他不够自立。这种有关自立的不平衡、不平等的认知随处可见。

自立和依赖被任性地定义

接下来，我们来探讨一下自立和依赖的关系。南希·弗雷泽和戈登在研究依赖的系谱学时，发现依赖曾经是指"在从属关系中被联结在一起（通过为他人工作来维持生计）"，自立是指拥有不必工作就能生活的资产。在过去的社会中，能够自立生活的只有国家或教会会众、大地主等极为有限的一部分人，对大多数人来说依赖是普遍的生存方式（樱井，2017：227）。

但是，现代社会要求很多人不依赖他人而自立生活，同时人们也认为这是能够实现的。这样想来，可以说"自立/依赖"的概念是极其相对且任性的。而且，是谁在判断自立和依赖？又是谁在将自立/依赖套入规范当中的呢？是在那个时代中处于统治地位的阶层，那些人为了便于社会统治从而规定自立/依赖的形式，要求人们自立。

在现代社会中我作为大学教师生活，每个月领取工资，经济上是自立的。但是，如果具体地看一下我的日常生活，到处都是不"自立"的。背包拉链一直敞开着走在路上的时候，经常会有陌生人告诉我"拉链没拉上"，有时还会因为忘记有会议和工作而被周围人提醒。这样的我是不是一个自立的人？在思考这个问题的时候，我感觉虽然我在经济上是"自立"的，但终究很难认可自己是自立的人。

同时，有时我也会想这个问题——如果我这样的人是非正式雇佣员工的话会怎样。思考这个问题的时候，我想如果我这么马虎的人从事非正式雇佣工作，用工单位就不会和我续签劳动合同，我可能很难继续工作下去。这就意味着社会不平等地要求人们维持"自立"状态：因为一个人是正式员工所以不自立的行为会被原谅，如果是非正式员工则不被允许。这使得有些个体能维持较为自立的生活条件，而有些人维持起来则更加艰难。虽然环境在一点一点变化，但是正式雇佣工作的女性在怀孕时更容易休产假、育儿假，也更容易继续工作，与此相反，如果是非正式雇佣的员工，在怀孕、生育时更容易因为不得已而辞职等，可以说这些事情就是社会不平等地要求人们维持自立状态的典型案例。

此外，一旦社会进入发生灾难等非常时期，像我这样出生之后所有时间都生活在城市里的人，几乎就会束手无策，完全不能自立。反而那些在日常生活中很少依赖外部系统、靠自己的双手构筑每日生活的街头流浪人员，在非常时期则拥有很多生存技能（在哪里如何弄到食物，如何保证睡觉的地方，如何解决厕所和个人卫生问题），能够准确地做出所有判断和行动，可以说他们是非常自立的人（但是，如今也产生了这样一种问题——灾难发生时拒绝街头流浪人员使用避难所。我们不能无视这样的事实——灾难发生时人们会比平时更加强烈地排挤他们）。

自立就是像这样会因情况不同而其所指的内容也会发生反转的含糊不清的东西。我们理所当然地认为的自立，就是如此任性的内容。

自立是应该追求的绝对价值吗？

自立到底是不是人们应该追求的绝对价值呢？根据古川孝顺的论点，自立有自助式自立和依赖式自立两种说法。古川孝顺指出，在一般社会中，自助式自立作为一个标准概念而存在，但是考虑到人在儿童期和老年期不得不依赖他人和社会制度，所以我们不仅要从自助式自立的角度，还需要在依赖式自立的语境中来审视自立生活援助（古川，2007）。

由于青年自立援助政策主要着眼于个人的职业性自立、经济性自立，所以依赖式自立的观点就变得非常不起眼。可以说，让依赖式自立的观点进入政策当中，这件事情本身就是有意义的。但是，如果将自立分为自助式自立和依赖式自立，然后从依赖式自立的角度来讨论问题就万事大吉了吗？实际情况并不一定如此。这是因为，人们应该追求的并不是自助式自立。就算是依赖式自立，其在人们认为应该实现的自立价值这一点上也是别无二致的，无论哪种方式，都是抽象的"社会"在判断该把什么看作自立的状态、把什么看作未自立的状态，而判断的主体并不是当事人。

在经常说"结婚后才能独当一面"的社会中（现在虽然很少有人会说这句话，但在20年前，企业中人们仍在公开谈论这样的事情），一个人即使完全不做家务，也不知道自己的内衣在哪里，但只要组建家庭、工作赚钱，那个人未自立的部分就会被忽视，人们就会认为他是自立的。与此相对，如果一个人单身，独自一人完成做饭、洗衣、打扫卫生等日常生活中的事情，即使过着对他人依赖程度很低的生活，有时也会被说成"还是不成熟"。从中我们可以看出"明明同样是依赖他人，但某种依赖形式并没有被当作是一种问题，只有特定的依赖形式才被当作是一种'问题'，这些人必须接受以自立为目标的援助，或者在严重情况下，会被认为其生命没有价值应该被抛弃掉"（坚田、山森，2006：86）。如此想来，如果政策所寻求的不是自助式自立，而是依赖式自立，就很难断言自立形象能否得到延展了。在特定的社会系统中，也许有必要限制为了谋求自立而不均衡地为一定的依赖形式添加维度的行为。

自立和依赖的共存关系

儿科医生熊谷晋一郎，是先天性脑瘫的残疾人，他经常说："自立就是增加依赖对象。"根据熊谷晋一郎的说法，人们误以为健全人什么都不依靠就能自立，残疾人不得不依靠各种各样的东西才能活下去，但事实与此相反，健全人会依赖各种各样的东西，残疾人只能依赖有限的人。正因为如此，残疾人才会在日常生活中感到不便。所谓自立就是增加依赖对象，熊谷晋一郎的这句话引起了广泛共鸣，其简单明了地解释了自立和依赖实际上是共存关系。此外，如果不增加依赖对象，很多残疾人只能依靠父母和看护机构，处于一个依赖对象很有限的状态。因此，所谓残疾人的自立生活运动，可以说是将依赖对象扩展到父母和看护机构以外的运动。[1]这句话，也许会转换自立和依赖的关系，它们曾被当成一

---

[1] 东京和人权启发中心，"自立是增加依赖对象，希望是一起分担绝望"，《TOKYO人权》第56号，2012年11月27日，https://www.tokyo-jinken.or.jp/site/tokyojinken/tj-56-interview.html。

组反义词。但自立和依赖是密切相关的，而且是在密切相关的同时得以实现，从这一层意义上看，这句话还有可能引起依赖和自立的范式转换。并不追求一个人什么都做的自助型自立，而是在与他人保有联系的同时一边探索生存的道路，这种生活方式已经变得非常重要。

樱井启太讲道："如果我们脱离某个词汇使用的时代背景和提出诉求的人们被压迫的状况、所处的立场、追求的理念，就会讲不出该词汇的'真正'内涵，即使对其含义进行阐述也只会变成非常空洞的讨论。"以熊谷晋一郎为代表，残疾人为了过上更加自立的生活，增加依赖对象是不可避免的，这应该也是实现这种生活的重要因素。虽然我已经认识到了这一点，但是我依旧不知道该如何思考这件事情："增加依赖对象"会塑造个人与他人、其他事物的持续关系，但这对于不擅长与他人创建关系的人们来说可能是件非常难的事情。我很难完全赞成熊谷晋一郎说的"自立就是增加依赖对象"这句话。为了增加依赖对象，必须掌握使人际关系融洽的能力以及能够找到可依靠资源的能力。这也有可能与新的能力主义和超精英主义有关，为了实现自己一个人无法实现的价值，需要与他人互相保持联系、互相合作。为了不让这些人陷入新的能力主义和超精英主义的陷阱，我认为有必要提前思考该怎么做才好。

对标准自立画像的抵抗

刚才阐述了自立是体现社会要求的标准价值。另外，通过提出与标准自立画像形式不同的自立，或者通过不践行标准的自立达到的生活方式，也可以实现自立。

在残疾人的自立生活运动中，提出了最大限度地尊重自我决定，将自我作为主体去生活的主张，也就是将"行使自我决定权"当作自立。这是因为，身有残疾的人们以往因身体有残疾而不被看作行为主体，往往由监护人和福利政策等第三方来决定他们的人生和生活方式，这剥夺了他们的自我决定权，但是他们所追求的是将这种状态转变为自己来决定自己的人生和生活方式，即自己作为自己人生的主体而生活。而且这也表明一种主张：自己决定自己的人生和生活方式，即作为自己人生的主体而活，就是自立。这也是对这种环境——因为没有赚钱或者因为日常生活不能自理而被称为不自立——提出的抗议，并提出了与之不同的自立形式。行使自我权的自立形式，既不是经常说的自立三要素中的日常生活自立，也不是经济自立，它虽然与以往的自立三要素中的社会自立和精神自立相关，但是也含有超出上述内涵的部分。

以往社会中要求个人经济自立和日常生活自立是理所当然的标准价值，这也是个人的自立画像。残疾人自立生活运动提出了一种与其不同的自立画像，拒绝社会所要求的整齐划一的自立形态，创造认可自己生活方式的思想，与此同时重新定义自立的内涵、内容。此外，还有一些特定组织开展的单一活动，虽然活动规模没有自立生活运动那么大，但也是为了让人们在不同的自立观念之下生活。让我们来看一下这些实践案例。

首先要举的例子是，藤村靖之在栃木县那须町经营着的"非电气化工作室"。他开展的活动明确地向依赖和自立的形式提出了疑问。藤村靖之指出，在某个组织工作、从事工资劳动、经营生活，这在现代社会容易被认为是自立，但这反而是依赖金钱和组织的生活方式。并且，他还提出自己能够解决、制作生活所需物品的人才是自立的，然后在2000年建立了"非电气化工作室"，这是一个让人能够掌握独立生活方法的地方。在现代社会中，人们容易这样认为——作为公司职员获得稳定收入才能证明你是一个自立的人。但是，藤村靖之已经看透这种生活方式的本质，例如，在家庭之外的某个地方吃饭的时候，点外卖的时候把烹饪工作委托给餐厅，或者从外面购买食材等，都是饮食依赖外部的例子。与此相反，在"非电气化工作室"，从食物到电器产品，都会尽可能地追求这样一个目标——自己创造自己的生活。藤村靖之将这种能力称为自立能力，他要求每个人实现的自立要不同于一般社会要求成人实现的自立（藤村，2020）。

此外，经营合租房的NPO法人"共生舍"于2017年3月在和歌山县田边市成立。那些合租房是由废弃学校建筑改造而成的。"共生舍"所开展的活动是展示一种生活模式：即使不奋力工作，只要减少支出也能生活。具体来说就是，让啃老族和茧居族在废弃学校建筑合租，同时在农田里种植基本蔬菜，或者偶尔打工，在不勉强自己的范围内工作，实现可持续的生活。我想本书的读者中，也有不少人认为必须要全职工作，但如果原本用较少的收入就能维持生活，也就不存在什么必须全职工作的必要。生活在"共生舍"的石井新，自称为"深山啃老族"，并向我们介绍了自己的生活（石井，2020）。

"非电气化工作室"重新审视了一般所说的自立内涵，并提出了一种新的自立——在对社会系统和他人的依赖程度很低的情况下也能够生活。这也可以说是一种另类的自立。与此相对，"共生舍"的工作，不是想要实现一般形式上的自立，而是通过不花钱的生活以及在物理上、经济上、精神上都不痛苦的范围内工作，实现可持续的生活。他们既不是适应竞争主义和资本主义的现代社会，也没有实现标准的自立，而是追求适合自己的生活方式，并以此生活。虽然"非电气化工作室"和"共生舍"这两者对自立有着非常不同的立场，但在努力颠覆既有自立观念这一层面上却是共通的。

看到社会当中存在这种努力，我深切地感受到实际上人们可以根据各自的立场自由地改变自立的形式，特别是"共生舍"的工作给我留下一种印象，就是自立这个词已经脱胎换骨，正在变成不会给我们造成威胁的东西。

自立论强制造成的不平等

如今社会上存在这样一种氛围：自立的理想结果是实现绝对自立，依赖外界的生活会被当作是不健康的。但是，自立和依赖的关系并没有那么单纯，界定自立和依赖的并不是特定人群的心理性质和道德匮乏，更不是经济上的问题，将两者分隔开来的乃是两者的"权力关系"，樱井启太一语道破这一问题（樱井启太，2017：228）。

21世纪以后，自立的压力向年轻人、残疾人、生活困难人员等蔓延，而且压力越来越大。也许是因为这样的时代背景：由于现代化的推进，群体纽带在变弱，共同维持日常生活变得更加困难，人们有必要掌握个人生活的能力。与此同时，个人应该实现自立的这个观念与20世纪90年代以后逐渐显著并不断强化的自我责任论互相交织。其中必须考虑的首要问题是，也正如上文所说，自立实际上明明是在各种各样的关系之中得以实现的，但很多情况下人们提到自立的时候，每个个体叙述都像是想要谋求实现自立。而且，由于每个个体都认为自立是应该实现的价值，所以当有人处于未

"自立"的状况之下，人们就会认为是那个人能力不足或者缺乏努力的表现。

但是，这样的自我责任论所引起的自立困难问题均由个人承担，这在各方面都在加剧不平等。在全球化资本主义和激烈变化的社会中，一个人能否自立，很大程度上受一个人所拥有的社会关系资本、文化资本、学历等各种资本所左右（例如桑德尔，2021）。因此，自立的可能性被不平等地分配，当某个人难以自立的时候，即使很大程度上是社会环境所造成的，人们也会忽视这一点。人们就是在这种不平等被忽视的状态下被要求自立的，这正是当今的问题所在。然而，现代社会依然在要求个人通过提高自己的市场价值和就业可能性来实现自立，并为能够自立而努力。

"学校和社会、教育和劳动过程通过资本主义社会的原理牢固地结合在一起"（樱井智惠子，2020：64），所以学校向孩子们灌输这一理念——学生在学校要打造个人能够自立的能力，员工在劳动场所要认真掌握职场所要求的工作能力，并成为能好好赚钱的人。学校一直灌输这样一种思想：掌握企业所要求的能力是非常重要的，在这种状况下成长起来的学生进入企业之后理所当然地认为应该依照这种行为规范。这就是将原本必须改善社会环境来实现的东西矮化为自我责任，也就是让个人来承担责任。通过这种形式，"公民社会不断打造出遵守这样一种企图的主体——提高自己在社会空间的'市场价值'和'就业可能性'"（樱井智惠子，2020：57）。

樱井智惠子指出，有必要根据新的人性原理，对学校和社会、教育和劳动过程的紧密联系进行重新整合，并将其作为反自立项目，也就是相互依赖项目（樱井智惠子，2020：57）。不是为了培养一个人能够应对状况的能力而要求一个人孤军奋战，而是建立一个相互联系、相互依赖，同时即使不"自立"也能生存的社会，这才是必要的。

在教育学领域，截至目前也有许多有关自立的教育研究。教育学原本源自这一思路——有意识地推动人向更好、更理想的形式转变。因此，不仅仅是能力主义的、适应主义的教育学，那种站在想要探索另类方向立场的教育学，也很难抛弃人向更理想的形式转变来实现自立的价值观。因此，一些人对于通过就业达到经济自立这件事情采取慎重立场，并开展活动、讨论，各自阐述自己思考的应有的自立，避开自立所展示的内涵，同时也并没有否定自立的价值本身。

必须意识到，自立实际上是以家庭或社会为单位得以实现的，另外，考虑到社会不平等地要求人们实现标准的"自立"这一情况，所以缓解个人想要实现自立的意愿是必不可少的。

人类学家大卫·格雷伯（David Graeber）说，不稳定产生的无法预测的状况让人们抱有混沌的感觉，并因此失去在更大维度上想要冒险的姿态。针对这种情况，大卫·格雷伯提出了一个另类提议——"人们的基本需求得到完全保障，因而在另一层面就能够发散性地发挥想象力去行动的社会"（赛德拉切克、格雷伯，2020：140）。如果我们为了实现社会规范，也就是为了实现社会所要求的自立而适应现状，并且维持那种状态，且不对此感到苦恼，也许就会产生更加不同的生活方式。这种想法就是"打破固有思维模式的想法"（Thinking out of the box）（赛德拉切克、格雷伯，2020：127）。但是，在充满闭塞感的现代，梦想并试图努力实现另类的生活方式，无论是在不脱离社会的层面上，还是在让自己和周围的人双方都获得主动的层面上，都具有价值和意义。在越来越原子化的社会中，不强迫个人自立，而是通过新型的人的联结方式来展望人们能够生存下去的道路，这是非常困难的。但是，如果我们的视角不向此转变，也就是如果努力方向还是聚焦到个人寻求实现自立而不是构建一个所有人都能轻松生活的社会，那么人的生存之道就会走到死胡同里。

第八章
为了活出有居场所的人生

也许对任何人来说都不可能存在没有歧视的空间。即便如此,在发生冲突的时候,也不是不能以此为契机构筑起一个创造性的空间。其中的一种尝试就是"更安全的空间"。

(坚田香绪里:《为了生存的女性主义——面包、玫瑰和反资本主义》,Tababooks,2021 年,第 164 页)

作为平凡的人而活

前面我们探讨了在难以感受到居场所的社会背后所存在的痛苦：社会逐渐变得不稳定，在此过程中人们发挥自己的能力活跃在社会舞台，不断进行存在证明，然后思考了是否有更容易喘息的社会形态和生活方式。在最后一章中，我要思考的是，为了活出有居场所的人生可以有怎样的视角和方法。

花崎皋平通过《水俣宣言》（1989）批判性地指出，20世纪是资本主义市场经济和在其基础上的"自由主义"势头不断高涨的时代，同时也是这样的一个时代：在"开发"和"进步"得以推进的过程中原住民、女性、农民、"开发"的牺牲者等社会弱势群体承受其负面影响。此外，花崎皋平还指出，现代国家和某些国家标榜的"民主主义"，已经成为用"多数裁定"的形式为有权人员利益服务的东西，无声者、少数者的声音被合法地无视。为了解决这种情况，尝试以超越国家概念的人的（"People"超越了"公民"和"市民"的概念，不再对人进行辨别，然后以此选择是否赋予其权利）身份一起生活，想要在追求人类、自然及其生命尊严不被侵犯的"不是现在这样的世界"[1]中发现希望（花崎，2001：31—43）。

花崎皋平所说的"People"是指"不为公民权利和义务框架所

---

[1] 日语原文为水俣方言。——译者注

第八章　为了活出有居场所的人生　175

束缚而生活的"民",将这种"民"和所谓的公民性的市民放到对等的位置,不剔除其差异性的、具体的恒定概念"。乍一看,这种概念很容易被认为是理论的、理想的内容,但是花崎皋平与阿依努人、冲绳人、水俣人和海外的原住民族代表一起行动、讨论,同时促成了"水俣宣言",经历这一过程的花崎皋平并不是空谈理论概念中的"People",而是向人们传达构建扁平的人际关系、人际网络的追求,并在不断构建的过程中,逐渐将"People"的概念呈现出来(花崎,2001:387)。

人是危险的存在,"虽然看起来了不起,但是会败给邪恶的诱惑,觉得伤害人的事完全无所谓,会察言观色,还会傲慢地轻视他人,难以摆脱嫉妒和憎恶"(花崎,2001:352)。正因为如此,每个人都能意识到自己有伤害他人的可能性并且是自我矛盾的,所以不该理想化"People"这一观念,而该抱着"彼此都不是了不起的人的自觉",作为"平凡的人以原有的方式去建立更加容易生存的关系",花崎皋平就是如此展望成为"People"的(花崎,2001:352—353)。

花崎皋平指出,为此有必要追求:"工作、吃饭、休息、享受、爱等同等重要";"为了业绩、财产、地位等被物化的成果,不牺牲现在所拥有的充实状态;生活在"不用合理的、高效的资源来为人类各自的差异、多样性定价的文化"(花崎,2001:349—350)中。这超越了在国家这个框架中所认为的"公民"概念,而且也在追问现代市民社会中"市民"这个身份概念的本质内容。

21世纪的现在，花崎皋平一直以来所批判的状况进一步恶化，贫富差距和社会割裂依旧在不断扩大。人们为了守护各自现在的生活而奔波忙碌，因此，我深感在这个社会中，对以下这件事怀抱希望变得越来越难：不同立场的人能够认识到各自所处状况的差异，不仅仅能够理解自己的利益，也能对处于不同立场的人们的利益和尊严感同身受，同时可以为了守护每个人的尊严而团结起来。但是，社会应有的状态不是只有在一个人满足"公民"和"市民"的条件之后其存在才能得到认可，而应该是一个即使没那么了不起、平凡的"我"作为人也能够生存的社会，一个让人们能够继续怀有希望的社会。

凭借普通方式行不通的理想主义

但是，没那么了不起的、平凡的"我们"在扁平的关系中形成人际网络，在超越现代合理主义和选拔主义的关系中开拓生存下去的道路，这并不是能够靠普通方式就可以实现的。

阿伊努民族和大和民族的"混血"石原真衣说："对没有觉察到自己拥有特权的人的言辞，我基本上都会感到不快"，并指出，少数群体一直处在这样一种状态中，即必须斟酌多数群体的意图然后交谈或者以倾听的姿态关怀。石原真衣还讲道，想要写下"你们的每一句话都是如何伤害我的，强迫包括我在内的少数群体的人做了多少无偿劳动"这些事情给多数群体的人看（石原、下地，2022：15）。

性别、性意识、阶级、国家、能力、民族、年龄等各种范畴混合而又交叉的权力关系对社会关系和日常经验产生了怎样的影响，近年来，对此进行探讨的交叉性理论得到了关注（柯林斯、比尔盖，2021：16）。20世纪60年代末学生运动高潮时，曾是北海道大学助理教授的花崎皋平重新审视了自己对学生运动的政治共鸣和自己在大学的职位之间的矛盾，然后选择走上这样一条道路：辞去大学职务、作为一名自由研究人员生存。并且，花崎皋平在与阿依努人、冲绳人、在日外国人的相处关系中属于"多数人的日本人"，在与"女性"相处的关系中属于"男性"，在面对自己这种处于多数群体中的身份的同时，还主要与阿依努人对话，并与水俣人和冲绳人开展对话，然后与他们一起探索如何拥有作为人的同一性（莫里斯—铃木，2001：468—469）。

花崎皋平反复地、不断地努力使自己的思想和行动保持一致，同时进行深入思考并采取行动。和这样的他采取同样的行为是非常困难的，也就是我们很难直面拥有某种多数群体身份的自己。大部分人即使在某一方面拥有某种多数群体身份，也会在其他某一方面带着少数群体的身份生活，应对由此造成的自己生活的艰难和痛苦就已经让人精疲力竭。

例如，女性作为公司正式员工一边工作一边养育孩子，在她们当中也有不少人在自己兼顾工作和家庭的过程中，会因为以长时间劳动为前提的职场和"妈咪职业轨道"的存在，还有那些即使孩子出生之后也不改变工作方式、一如既往继续工作的伙伴而感到压力。但是，在这背后，还有一些人因为是非正式员工，生孩子可能会失去工作，所以对生孩子犹豫不决，或者为了帮助正在抚养孩子的同事而不得不长时间加班，极大地牺牲了自己的私生活。在这种情况下，正在抚养孩子的正式员工所说的"女人一边养育孩子一边工作真的很辛苦！"这样的话，有时会让那些不能选择生孩子的人，或者由于帮助抚养孩子的同事而感到"真的很辛苦！"的人产生违和感或反感。育儿这一属性在公司中是少数群体属性，正式员工属于多数群体属性，而且在其他人看来，处于能够育儿的状态也是具有多数群体属性的。但是，在"此时此地"感到辛苦的时候，意识到自己的多数群体属性是非常困难的，即使在意识到自己的多数群体属性的情况下，也会认为"因为自己处于得天独厚的立场，所以不应该抱怨"，更容易被迫闭嘴、自己努力解决自己的问题。

生活在这种交叉性的处境当中，我们兼具被害者属性和加害者属性。

此外，仅仅生活本身就是一种很大的负担。在这样的情况下，那些处于"现在不对话也能生存下去"的状况的人很难有动机和与自己不同的他人进行对话。正因为如此，具有更强势的多数群体属性的人们，很难面对自己所拥有的权力属性，然后就会对少数群体发出令其感到不快的、没有意识到自己拥有特权属性的言论。而且，具有少数群体属性的人们无形之中就会被要求采取让多数群体能够理解的措辞和表达方式来阐述自己的立场，而这又是无偿的情感劳动。甚至在此之前，少数群体连表达发声的余地都没有，或者很多情况下找不到表达不正当状况的词汇。

正如花崎皋平所说，"平凡的我们即使经历失败或者吵架，也不会拜托他人来解决困难和矛盾，而是想凭借我们自己的力量来解决问题，我们拥有这种依赖自我能力的意志和魄力"（花崎，2001：345），但这并不是普通寻常的事情。其得以实现的条件是什么，怎样做才能不陷入能力主义的陷阱，目前还很难看到清晰的道路。

"发出一些声音！"

如上所述，在扁平的关系中打造、联结人际网络是非常困难的，而且如果遇不到原本就想打造、联结人际网络的具体人物就无法进行。那么，在遇到那种具体的人物之前，我们就只能保持沉默吗？事实也许并非如此。如果不采取行动、保持沉默的话，自己的意见和自己的存在就一直不会被可视化，也就不会遇到能够联结起来的人。

因此，我想说的是"发出一些声音！"这是社会学家下地·劳伦斯·吉孝所说的话，他是在介绍说唱中所使用的"发出一些声音！"（Make some noise!）这一口号的同时，阐述了发出声音的重要性。具有少数群体属性的人们所表现出的在各种各样的场所经历过的伤痛和不快，对多数群体属性的人来说也是不愉快或痛苦的。但是，下地·劳伦斯·吉孝直白地指出也许只有多数群体属性的人也经历过这种不愉快和痛苦，双方才能开启"对话"的可能（石原、下地，2022：15）。

如果不发出一些声音，那么这个人所感觉到的事情、这个人的存在就会被当作从没有发生。也许我们能够想到各种各样发出声音的方法。

通过个人在社交媒体上发帖来表达意见，将自己所经历和所感受到的，向世界各地的人们发起广泛呼吁，还可以创造与陌生人之间的纽带。或者，也有一种方式就是像栗田隆子那样，在慢慢行走的同时，使用"我"这个主语不断地咕哝出对自己所处的状况和社会的看法（栗田，2019）。

我自己在研究生院投身研究之后，虽然接触到了各种各样的"主义"（思想和想法，以及基于这些思想和想法所开展的活动），但因为总觉得"有些不一样"，所以很难完全赞同既有的思想和活动。我不能完全赞同既有的"主义"，在此过程中，我一直在思考如何把自己所思所想的事情表达出来，虽然终于稍微可以落实到书面表达了，但如今我依然不知道表达出了多少对自己来说是非常重要的事情。周围有很多不仅聪明，而且还热衷学习、研究的人，我每天都怀有这样一种心情——想要而且也必须要表达出那些人尚未涉足的东西。

此外，在思考"为什么我能编织语言呢？"这个问题的时候，我有这样一种感觉：为了让大家认识到我是"研究人员"，也因为有一些人会阅读我的作品、倾听我的声音。我畏惧这件事所具有的特权属性和暴力属性，与此同时，不仅仅是发言，不发言也会演变成一种对特权属性感到沾沾自喜的暴力行为，那么在这中间，保持怎样的状态才能够更加接近无论是对自己还是对他人都诚实的状态呢？对此我也在不断摸索。

然而，人的存在本身，既是受苦的，也是加害的。正因为如此，我认为人们在逐渐认识到这一点的同时，各自以自己力所能及的方式发出一些声音就可以了。然后，表明平凡的"我"正存在于此，且正获得某些感受。

保持微弱的姿态，为了表达一些东西

话虽如此，不论是叽叽喳喳的声音，还是启蒙周围人的强有力的声音，发出声音都是需要力量的。有人发出声音，其力量因为得到他人回应而得以增强，但是也有许多人因力量已被剥夺而不能发出声音，或者难以发出声音。以强弱为前提的活动和表达方式，会让处于弱势的人更加不可见，也可能会使其责怪自己的软弱，所以需要引起注意。

研究市民活动的田村梓介绍了两个人的声音：一个是社会活动人士松永健吾的声音，对这样的日本社会——"不成为多数派就不能说出想说的话"——表达了不满；一个是社会活动人士植松青儿的声音，其所探索的是非强势主体人群，即弱势人群也能够发声的可能性。植松青儿讲道："我们本应该可以更加彻底地传递无力之人的微弱声音来支持弱势人群。我认为应该存在一种降低发声门槛的方法，即持续意识到自己处于弱势的人，可以发出虽然微弱但符合伦理道德的声音。"对此，田村梓解释说："这是让'噪声'入侵到城市当中"，并指出这是一种尝试（田村，2020：175）。

田村梓和下地·劳伦斯·吉孝一样希望能够通过发出一些声音将各种各样的人和意见的存在可视化。而且这种方法，不需要拥有统一的做法，或者必须是高效的、有效的做法，任何发出声音的形式都是一种尝试。

只是，人们在没有自己真实感受的地方是不能发出声音的。无论是社会保障问题还是安全保障问题都会引起所有人的不安，但是在考虑"那我们对此应该怎么办？"的时候，探索"自己"是如何思考、如何参与的思路似乎变得非常狭隘。

由于各种社会问题是"间接"地被"解决"的，所以很难反映当事人的立场，针对这种情况入江公康进行了如下阐述。

> 令人在意的是所有的"解决"都是"间接"的。例如"失业率上升了""自由职业者和啃老族是社会问题"这些现象被当作"问题"，但实际谈论这些的时候都只将其当作貌似与政策有关的对象，以国家、政党、官僚或学者和研究机构的知识和权力为媒介来"解决"这些问题的倾向性很强。并不是劳动者在现场直接抵抗，然后做出一些改变，而全部都是远程的（Remote）"解决"。即使认识到问题的存在，也不会有人直接接受当事人的立场，而是回避直接与他人对峙的这种去媒介性（入江，2008：96—97）。

正如入江公康所指出的那样，即使社会中屡屡出现一些问题，一旦人们认为解决问题的主体应该是国家和政府行政，与己无关的话，就只能放弃改变，接受现状了。这样一来就很难产生想要实现梦想——"如果真的是那样就好了"——的能量和动力。这时候个人所能做的就是，即使存在这样的问题也要设法生存（Survive）下去，因此也就更容易采取自我防卫式的方式处理问题，这种方式带有自我负责的个人主义性质。而且，在为了生存而积极进行自我防卫的时候，人的意识就会转向关注社会趋势动向是怎样的，而容易把自己感受如何排在次要位置。

但是，如果自己都不想接纳自己的感受，那谁还会与自己感同身受呢？在无视自己的感受来谋求适应社会的过程中，人能够感受到自己的居场所吗？为了活出有居场所的人生，不可或缺的也许就是重视自己的感受，而不是对其熟视无睹。

国家、政治家、官僚、研究人员不一定能够感受到各种各样的人的立场和心境，更不会为那种声音"代言"（为社会弱者的声音代言；影响政治、经济、社会的鼓吹性质的活动当然是非常重要的，但是并不能进行"完整地代言"，我们意识到这一点也很重要，而且去期待有人为自己代言也是很危险的）。所以，不应等待自己以外的某人为我们改变社会的结构和制度，也不要等待别人为我们代言，如果自己不发出声音，自己的声音就无法传达给社会。

而且，虽然这是令人很不甘心的事情，但如果不发出声音，那声音往往会被当作"不曾存在"。社会中存在这样一种恶性循环结构：正因为处于没有力量的情况之中所以难以发出声音，但是也因为自己不发出声音，自己在社会上的存在感就会减弱，由此产生的无力感会进一步让人们变得更加缺乏力量。

那么，提到如何发出声音，首先要做的是看自己感受到了什么，仔细倾听自己的真实感受，然后认真理解。经济思想家斋藤幸平所写的《人类世的"资本论"》，于2020年出版后再版，并且获得了2021年的新书大奖。这本书从地质学角度来看，当今时代是人类活动的痕迹完全覆盖整个地球表面的"人类世"，从马克思主义的立场阐述了停止追求无止境的资本主义利润的必要性（斋藤，2020）。这本书作为马克思主义相关的书籍，出人意料地大受欢迎，我认为这也许是因为当今进步至上的社会观念让感到"这样的做法不可能"的人们产生了共鸣。

像这样倾听每个人所拥有的感觉，然后不要无视这种感觉，回应这种感觉，并将其表达出来是非常重要的。最后我想思考一下为此我们具体能够做的事情。

创造"我"所认为的必要场所

首先，要创造出（我们）自己所认为的必要场所。比起最初想到的"为了谁"，更重要的是创造"我"想做的、我觉得有必要的、我觉得有意思的，把"我"作为主语的地方。

我站在社会教育的立场研究儿童、青少年能够成长的地方和这些地方与儿童、青少年之间的联系，经常有机会和与儿童、青少年的"居场所"相关的人们交流。因此，我经常从这些人口中听到"虽然建立了儿童、青少年的居场所，但结果可能是创造了一个自己的居场所"这样的话。这些人建立"居场所"的契机各种各样，有人是因为遇到过需要"居场所"的儿童、青少年，有人是想开展自己深受感动、印象深刻的活动等，结果却是创造了一个自己认为是必要的场所。

自称"深山啃老族"的石井新从 2014 年开始在和歌山县田边市的边远村庄中过着集体生活。这项活动诞生于创始人的一个想法——想打造一个各种各样生存困难的人们可以定居的居场所。偶然间住到这里的石井新等人在创始人去世之后，希望继续住在这里，这项活动因而得以延续。在这里，因为不需要花很多钱，所以一个月挣不到 2 万日元也能够维持生活。这里成了这样一种场所——住在这里的人们能够在不用勉强自己的限度内工作、与人交往（石井，2020）。尽可能不想工作的人们，找到了即使不那么拼命工作也能生存下去的生活方式和场所，然后开创了这个活动，"援助"有生存困难的人们，其思路诞生于想办法去做一件没做过的事情。以"我"为起点的活动，反映了"我"的想法和需求，自然就成了富有独创性的东西。

日本最早的自由学校是由非营利法人"东京Shure"[1]创办的Shure大学（现为雩穿大学），它诞生于年轻人和东京Shure工作人员的讨论，"希望这个学校由学生来运营，让他们用适合自己的学习方法探索自己想做的课题，创造出一个没有入学考试、在读年限也没有限制的大学。"这是一个不在学校教育法第一条范畴内的大学（不同于取得学士毕业资格的大学）。在这所大学里，每个人每年都会制定自己的探索和学习计划，然后进行研究。而且，不仅仅是自己的课程计划，包括讲座在内的计划，都是（学生们）自己创造的。学生们追求自己想要的生活方式而不是回应外界施与的课题和要求，以此"重新构筑与各种各样的人的关系，在与他人保持联系的同时找回自己"，致力于用自己的双手创造自己的生活方式（朝仓，2010）。

NPO法人"声音、语言和心灵的房间"（Cocoroom），2001年诞生于大阪，如今在釜崎开设招待所和咖啡店，同时以釜崎艺术大学的名号开展艺术活动，它所开展的活动，始于创始人上田假奈代的"想把诗作为工作"的这一想法，然后在于此相遇的人的回应之下发展了起来。在这里不仅能够学到诗歌，还可以体验到以音乐、

---

[1]词源为古希腊语，意为给精神以自由。——译者注

歌剧为代表的艺术活动，此外还有宗教学、感情、天文学、哲学等广泛的学习内容（上田，2016）。

刚才所介绍的活动都是充满独创性的活动。因为这些活动都偏离了既有的架构，是在满足"我"和"我"所遇到的人们的需求的过程中被创造出来的，所以具有独一无二的原创性。如今各个地区也开展了各种各样的活动，这些活动就像刚才所介绍的活动那样，有些具有其他活动几乎没有的独特内容，也有些是按照既有活动框架开展的。我认为，那些沿着既有的活动框架开展的活动，也会因为是回应"我"和"我"遇到的人的需求而开展的，而不是模仿某处的活动，所以具有了独创性。然而，回应"我"和"我"所遇到的人的需求指的是什么呢？于自己而言，就是"打开自己内心"，要活出自己的人生（上田，2016：8），"从我出发""找回自我"（朝仓，2010：10、23）；于他人而言，就是要审视并实现"是否能创造出认可彼此存在、重视彼此的场所""能否创造出能够表达的场所"（上田，2016：55）、"找到与他人和社会保持联系的方式"（朝仓，2010：23）。

为自己之外的人创建的活动虽然也不错，但当其与自己的需求并没有联系的时候，那个活动很容易转化成一种义务感，而其中孕育着一种危险属性——可能变成一种通过援助其他人来证明自我存在的场所。我们也有必要注意避免用"我"的欲求和愿望来捉弄他人，因为一个活动如果是以善意的姿态来控制周围的人，其所具有的暴力属性便会远远超出前者[1]。

不断创建微小的"居场所"

在上一小节中我提出了创造自己所认为的必要场所，那种"居场所"不必是很大的地方。反过来说，为了让每个人都有自己所认为的"这里是自己的居场所"的场所，相比建造大的"居场所"或者实现普遍价值的、标准化的"居场所"，我们更有必要建造契合每个人实际感受的"居场所"；即使很小，但如果其形式多种多样，那也会更加丰富多彩。

在青少年援助领域，NPO 法人全景（Panorama）致力于打造一个这样的社会：既有的社会框架（Frame）无法完全容纳的、很容易成为社会弱势群体的儿童和青少年等所有人都能像进入全景照片一样进入大众视野的，并能够活力满满地生活的社会。隶属于 NPO 法人全景的石井正宏在横滨市北部不断集中开展活动，与此同时，他这样讲道：

> 我一直注意"避免扩大法人规模"。我想大力推广微小而认真的实践，大家一起分享这些实践，从而为改变社会整体

---

[1] 为他人创建的活动与自己没有关系的场景。——译者注

作出贡献。相比有一个100人的团体，有10个10人的团体能让安全网的网眼更细，这就是我所采取的战略（石井、泉等，2019：14）。

前面提到的NPO法人"声音、语言和心灵的房间"（Cocoroom）的上田假奈代说，从Cocoroom活动迎来十周年的时候开始，来咨询他的人逐渐增加，他们都表示"想要建造像Cocoroom一样的场所"，而上田假奈代一直以来对此是这样回答的："Cocoroom之所以成为Cocoroom，有其自身的原因，你所创建的场所有那个地区以及你的原因，所以请努力加油"（上田，2016：8）。

从石井正宏和上田假奈代的想法中可以看出，规模变大并不一定是好事，而且他们并不想推广自己的思想和实践，他们思考的是希望每个人从他人的思想和实践中获得灵感启发和行动契机，同时能够创造出反映每个人和每个地区个性的原创性场所。不同的人创造的场所绝对不会成为同样的场所，相比创造出很多同样的场所，创造出反映各自个性的场所更能让社会变得丰富多彩。这一想法也与第二章中所讲的内容——通过异化倾向实现价值增殖作用——具有共通的部分（石川，1992：80—87）。

国家的政策是设想基于普遍框架的事业和场所，在全国各地设置能够发挥"相同"功能的机构和事业。事业和场所同质化、统一化本身并不一定是个问题,如果没有福利事务所和卫生所等这些机构事业,人们就会感到很困扰,它们的重要性不言而喻。但是,社会要求实现行政功能的场所和能够成为人们居场所的场所应具备的性质从根本上来说是不同的。如果我们以标准化、普遍化为目标,为了将这样的工作包装成可以标准化、普遍化的东西,其活动自然而然就会被制度化。而且,基于同一套安装包所开展的活动,则会被要求将在各个场所发生的"例外"行为降到最低。

公民馆和儿童馆等人员聚集的地方,有时会成为来访者的居场所,但这大概不是因为它具有统一的功能。一般来说,公民馆的使用费用比营利组织提供的场所要低,人们会一起聚在这里开展社团活动或者把这里当作体育室等。这些地方让"人在其中"和"彼此相遇"成为可能,在这一条件下,也许儿童和成人都会把那个地方当作居场所。

即使增加很多同质化的地方,恐怕人们的生活也不会变得很轻松。人们为了确保自己的"居场所",就必须使自己适应那种整齐划一的属性。不是让每个人自己必须适应那样的场所,而是让每个人都能够找到适合自己的地方,这就需要有各种各样的场所。正因为如此,把每个人想要的地方做得不是那么大,而且让众多人都去做这样的事情,是非常重要的。

顺着这个逻辑写,自然而然得到需要多种多样的场所这样的结论，但是我们也听到一种声音说，为了支持这类活动普遍化也是很重要的。例如，在儿童援助场所领域，学习援助和儿童食堂等活动在标准化过程中迅速扩展开来。因此，能够与学习援助和儿童食堂建立起联系的儿童增加了，这可以说有着很重要的意义。但是，又例如，由于学习援助被国家制度化，随着制度的变迁，接受学习援助的对象（儿童）受到限制，在制度中维持多种多样的存在方式变得越来越困难（以不同于国家制度的形式所实施的学习援助不限于此，虽然并不是在否定国家主导的学习援助，但是制度化的学习援助就是具有这样的一面的）。

儿童食堂作为民间机构普及开来，如今 NPO 法人全国儿童食堂援助中心——"结会"广泛宣传儿童食堂，在打造全国儿童食堂网络的同时，开展援助工作。2022 年 8 月，在冲绳县那霸市经营儿童食堂的男性，因涉嫌在自己家中让男中学生喝酒而被逮捕。对此，"结会"异常愤慨地表示，该男性的行为恶意利用了任何人都可以自称"儿童食堂"的低准入标准，该男性开设的儿童食堂也没有加入那霸市社会福利协议会运营的"那霸儿童居场所网络"，因此其行径也就是所谓的不正当活动[1]。我不知道被逮捕的男性开设

---

[1] NPO 法人全国儿童食堂援助中心——"结会"："对某男子自称经营'儿童食堂'，该男子因涉嫌在该食堂让初中三年级学生饮用罐装气泡酒而被逮捕这一报道的回应"，2022 年 8 月 26 日，https://musubie.org/news/5597/。

的儿童食堂是怎样的地方，也不认为唆使未成年人饮酒、吸烟是值得推崇的。但是，在"结会"没有掌握详细内容和实际情况的情况下，就将该男性的活动批判为"滥用儿童食堂招牌的活动"，这样做一方面是"结会"出于保护儿童食堂活动整体形象的目的，对儿童食堂正规活动和不正规活动进行区分，并与后者进行切割，另一方面我深深地担心这会导致儿童食堂把吸烟、喝酒的、有不良倾向的孩子拒之门外。

无论是政府主导的还是民间主导的，这些活动随着规模变大而得到普遍的推广，可以看出获益不少。但是，与此同时，活动也因此被规范化，在规范的管制之下开展起来就失去了多样性，并伴有这样一种危险属性——会将偏离规范管理的活动排除在外。我认为，通过普遍推广可以提高人们对活动的认知度，活动的财政基础也容易变得更加稳定，但同时我们应该思考这样会失去什么，这也具有不可忽视的重要性。

不断进行认真沟通，与此同时创建居场所

不要把重点放在活动的推广和活动规模的扩大上，为了创造小型、多样的居场所，重要的是要不断进行认真的沟通。

栗田隆子提出了有必要原原本本接受"在不能清晰地判断能

否努力的情况下，不能采取某种行为的状态"（栗田，2019：146），这种状态就类似于"虽然拒绝去学校，但并不太清楚到底是不想去，还是不能去""不知道现在是想工作，还是不能承担工作，抑或是不能就业"。

在询问他人某些事情的时候，我们不知不觉中往往容易产生一种心情——要求对方快速做出简单易懂的回答。我小时候，从幼儿园时期开始，每当幼儿园、小学、初中毕业时被问到"未来的梦想是什么？"就对这个问题感到苦恼。每次都有这样的感觉："没有想成为的角色，不管怎么说，我什么都不想成为。但是，也许人必须想成为一个什么。"然后我就回答了想开西餐厅、想当小说家之类的这些我"并不是那么情愿成为"的角色。这是因为，对于"未来的梦想是什么？"这个问题，我觉得不能反问大人"我什么都不想成为，但是必须要成为什么吗？"在这背后，存在一个"请回答问题"的要求，而且这也不能称之为沟通。如果那个时候，我能表现出不想成为什么的自己，而且也有人能够接受那样的我，我就会觉得那时候的我长大后即将面临的社会能够变得更加自由且令人放心。像这样，很多人很多时候不仅不能表明黑白分明、清晰明确的意见，甚至也不能很好地表达出对自己来说非常重要的事情，或者不知道自己是如何想的。

为了活出有居场所的人生，每个人不必把每个问题都藏进自己的内心,而是要放心地表达出来,或者可以被允许有不能表达出来的时间,同时在沟通中发现自己是如何思考的。而且,我认为如果自己所思考和所希望的事情能够影响到所在场所的活动或形态,那么更加多样、更加容易生存的地方就会扩展开来。

社会变化的节奏逐渐加快,很容易让人感觉到每个人都需要应对这种变化的浪潮,所以当今时代需要不被逐渐加快的时间浪潮所吞噬的、也不被自我负责的大网所束缚的、能够生活的场所。为了创造自己所需要的场所,并且是不断地创造那种场所,沟通是不可或缺的。人们不把这种沟通的形态当作个人主义的内容,而是将其放在关系的语境中,由此就能找到参与社会、改变社会的方法。

不要害怕被嘲笑

然而,通过小型活动的积累而非通过宏大而普遍的政策去改变社会的举动尚未形成足够大的波澜。因此,我所提议的这些内容可能会被认为是过于理想主义而遭到嘲笑。

但是,这些提议绝对不是痴人说梦。约翰·霍洛威(John Holloway)和鹤见俊辅都曾说过"即使受到嘲笑,也不要放弃理想"。

不要"害怕被嘲笑"。然后，提问：怎样做才能开始思考在不夺取权力的情况下改变世界呢？（霍洛威，2009：53）。

如果讲没有权力统治的社会等理想主义的话语，可能会被走进社会的成年人嘲笑说"不要说那么幼稚的话"，但是我们应该将现代社会的复杂规则还原为更为单纯的规则来重新思考。否则，我们只会被现在偶然间将我们包围的社会制度所拖累。我们应该站在现代社会的正中央，每个人，独自一人或者携起手来，开展纯粹的生活实验。这并不是说让社会中央直接成为乌托邦，而是有必要使其成为一个不妥协于现代权力统治的生活根据地，成为一个思想的参照系。（鹤见，1991：16—17）。

重新审问规则，同时构想"不是现在这样的世界"[1]，这样有居场所的人生才能得以实现。

至此，我们看到，一方面，现代社会无论是从学校到社会的转变，还是组建家庭，抑或是女性的生活方式等方面都已变得自由多样，另一方面，现代社会也因孤立化、风险化、自我负责化而变得不稳定。由于社会变得让人难以享有稳定的居场所，所以每个人都在追求居场所，社会一方也承认创建居场所的必要性，也在以各种各样的方式创建居场所。在此基础上，虽然一个人凭借适应社会就

---

[1] 日语原文为水俣方言。——译者注

能确保临时的居场所,但是人生并不会因此变得稳定,痛苦也不能得以缓解。所以,为了实现有居场所的人生,我们需要发出声音,探索以每个人力所能及的形式改变社会的方法。为了让大家能够生活在稍微容易生存的社会中,能够活出有居场所的人生,就让我们以力所能及的形式来"发出一些声音"吧!

书单

以下书籍探讨造成居场所匮乏和生存痛苦的社会结构：

①広瀬義徳・桜井啓太（2020）『自立へ追い立てられる社会』インパクト出版会；

②乾彰夫（2010）『〈学校から仕事へ〉の変容と若者たち——個人化・アイデンティティ・コミュニティ』青木書店；

③大内裕和・竹信三恵子（2014）「全身〇活」時代——就活・婚活・保活からみる社会論』青土社；

④池谷壽夫・市川秀夫・可野泉（2016）『男性問題から見る現代日本社会』はるか書房。

　　为什么生活在社会之中会感到没有居场所或者难以生存呢？以下所介绍的书籍可以帮助我们解读社会构造以及规定社会构造的

规范。

书籍①认为生活在现代社会中,人们所感受到的痛苦来源于"强迫人们自立的社会"。书中从福利、教育等各个领域的视角对这种社会形态进行了具体分析,同时提出了克服此种社会形态的观点——"为依赖正名"以及"称作反自立的相互依赖课题"(第七章)。

书籍②是一部描述发生在青年身上的根本性变化的名著。现代青年的生存痛苦,既不是因为年轻人个人努力不足,也不是"青年期特有"的普遍性问题,而是社会情况的变化导致的结果。书籍②对这种情况进行了解读。虽然这本书已经绝版很难买到,但是它是理解年轻人困境的重要文献,所以建议大家去图书馆等地借阅(第三章)。

书籍③与本书中所讲内容类似,因为现代社会要求人们有目的地、有规划地生存,所以人生所有阶段不断热衷于"××活动",诸如求职活动、相亲活动,甚至临终还要进行最终活动,此书就以对话的形式讨论了这种现代社会。此外,此书中还介绍了很多女性主义的相关书籍,指出女性的生存痛苦与男性的生存痛苦的关系宛如一枚硬币的两面。书籍④从男性视角对当今时代居场所的欠缺和生存痛苦进行了探讨(第二章)。

以下书籍思考令儿童、青少年难以喘息的教育和能力主义：

⑤中村高康（2018）『暴走する能力主義—教育と現代社会の病理』ちくま新書；

⑥本田由紀（2020）『教育は何を評価してきたのか』岩波新書；

⑦神代健彦（2020）『「生存競争」教育への反抗』集英社新書。

　　儿童、青少年通过教育（主要为学校教育）来学习"社会要求自己掌握什么本领，学会做什么事情"。书籍⑤揭露了存在于教育现场的能力主义（也就是英才教育）的结构，并指出这一状况：由于被"因'对自我能力感到不安'产生的强迫观念"（p.233）所裹挟，能力主义递归性地失控、泛滥。书籍⑥描写了超精英主义化（能力主义不仅仅指学习能力，还逐渐成为包含"生存能力"和"个人综合能力"的内容）潮流中的抵抗战略。书籍⑦在欲与竞争主义教育的现状进行抗争这一点上，与书籍⑥相通，但是正如书名中所写的"反抗"一样，书中讲到"'学习与生存已成为同义词，如果学习懈怠甚至就会死亡'，无论如何，很有必要缓解教育与社会之间这种威胁性的相对关系"（p.167），此书的特点是对"教育原本是什么"这一问题进行了重新审视。

　　我在第三章中也曾提到这三本书，儿童、青少年成长过程中难以喘息的根源是教育当中的评价与竞争，这三本书是有关这一问题的基础文献。而且它们都是新出版的书籍，很容易就能找到，推荐大家找来阅读。

以下书籍探讨家庭：
⑧落合恵美子（2019）『21世紀家族へ——家族の戦後体制の見かた・超えかた〔第4版〕』有斐閣選書；
⑨藤田尚志・宮野真生子編（2016）『家族——共に生きる形とは？』ナカニシヤ出版；
⑩野辺陽子・松木洋人・日比野由利・和泉広恵・土屋敦（2016）『〈ハイブリッドな親子〉の社会学——血縁・家族へのこだわりを解きほぐす』青弓社。

　　第四章中我们探讨了家庭问题，这些书是有关这一问题的推荐文献。书籍⑧也是探讨现代家庭构造的基础性文献，现在可以说是半古典书籍，初版时间为1994年，历经多次再版并于2019年出版了第四版。这本书告诉我们，"家庭的战后体制"并不是战后日本普遍的家庭形式，而是根据社会和时代的要求被创造出来的，而且战后家庭体制绑架了男女双方的生存方式。

　　在此基础上，书籍⑨和书籍⑩对家庭的自明性提出怀疑，并构想摆脱战后家庭体制、更加自由、更加容易喘息的家庭形式。虽然大家对其中具体的论点褒贬不一，但是从"理所当然"之中获得解放就是一种抵抗，是对这种压力——将家庭强行推向某种形式——的抵抗，也能够解放家庭，所以我希望大家能够知晓这一论点。

以下书籍虽然给不出浅显易懂的答案但促使人们思考"自己发出的疑问"：

⑪ジェームズ・C・スコット（2017）『実践 日々のアナキズム——世界に抗う土着の秩序の作り方』清水展・日下渉・中溝和弥訳、岩波書店；

⑫ジョン・ホロウェイ（2021）『増補修訂版 権力を取らずに世界を変える——いま、革命の意味するもの』大久保一志・四茂野修訳、同時代社；

⑬篠原雅武（2012）『全‐生活論——転形期の公共空間』以文社；

⑭田村あずみ（2020）『不安の時代の抵抗論——災厄後の社会を生きる想像力』花伝社；

⑮田中美津（2016）『新版 いのちの女たちへ——とり乱しウーマン・リブ論』発行：パンドラ・発売：現代書館；

⑯栗田隆子（2019）『ぼそぼそ声のフェミニズム』作品社；

⑰シンジア・アルッザ、ティティ・バタチャーリャ、ナンシー・フレイザー（2020）『99％のためのフェミニズム宣言』惠愛由訳、

菊地夏野解説、人文書院。

接下来要介绍的几本书，每本书并不是零零散散地给出浅显易懂的答案或者理论，而是直面自己的问题，经过反复思考推敲，不断努力地想要找到更加接近解决方案的东西。

斯科特在书籍⑪中指出，由于国家所期待的作用与国家所赋予的权力的扩张与渗透，"曾经人与人之间对等的互动性和非正式的合作所起到的众多作用，如今都已受到国家的管理"（p.xx）。一直以来生活在这种社会中的我们，也许可以通过打造更加公平的秩序来实现创建一个能够自由多样地生活、拥有居场所的社会。但是，在这种被管理的情况当中实现这种想法会受到限制。在书籍⑪中，作者提出了这样一个课题：索性每个人都发起无秩序的、顺其自然的行动，进而来实现上面所说的社会构建。

书籍⑫颠覆"通过掌握权力改变社会"的这种一般论点，同时又编织出改变社会的想法，令人心潮澎湃。

书籍⑬讲述道："人们深刻感受到经营生活这种理所当然的行为是困难的"（p.14），在此过程中，人们应该"站在所感受到的具体痛苦中，然后开始实践、思考的工作"。书籍⑭以社会活动为主题描写了"面对生存的脆弱性每个人的行动轨迹"，聚焦"我们如何才能互相联系起来，创建一个更好的社会"这一问题（p.7）。书籍⑯的内容为，自称一直有些"茫然"的女性主义者，认为这种"茫然"具有抛弃"既有框架和歧视性目光的力量"（p.11），既不把自己的"茫然"当作不曾存在过，也不假装没看到过，而是不断地思考。我们读了"不断低声嘟哝"的栗田隆子所说的"嘟哝"，就会知道：那些对自己来说非常重要的事情，我们并不能那么简单地为其找到清晰明了的答案，但在清晰明了的答案出现之前，我们也不是不能发言，并共享解法——"茫然的不仅仅是我""可以茫然地继续思考"——的过程中，人们会受到激励，感到"我不是一个人"。

篠原雅武将生活——人的生存形态整体——当作主题，田村梓将社会活动——与他人的之间的共同行动——作为主题，栗田隆子将不融入集体思想的女性主义者的"我"作为主题，虽然看上去每本书所描述的对象完全不同，但是我感觉在认真面对自己的"茫然"、失去居场所的情况是怎样的问题、探索怎样才能感受到居场所这一点上，这些书是有着共通之处的。在这些书籍出版很久之前，书籍⑮的作者作为妇女解放运动的推动者之一，认真面对女性的矛盾与痛苦，同时将紊乱的"我"作为根据地，来讲述女性的境遇。这本书于1972年出版，直面自己的矛盾与痛苦，向社会以及女性展示出强有力的思维，这对以篠原雅武为代表的众多人产生了影响。

书籍⑰讲述了为此发声的重要性，也就是既不将政治委托给多数群体，少数群体也不必奉承多数群体就能在社会中找到居场所。

这些书籍为第三部分中所探讨的为了活出有居场所的人生提供了思路。

以下书籍探讨造成居场所匮乏的社会：
⑱デラルド・ウィン・スー（2020）『日常生活に埋め込まれたマイクロアグレッション——人種、ジェンダー、性的指向：マイノリティに向けられる無意識の差別』マイクロアグレッション研究会訳、明石書店；
⑲パトリシア・ヒル・コリンズ、スルマ・ビルゲ（2021）『インターセクショナリティ』小原理乃訳、下地ローレンス吉孝監訳、人文書院。

最后，为了让大家自己不变成剥夺他人居场所的人，或者令他人生活痛苦的人，我要介绍两本提出重要视角的书。书籍⑱中所提到的微歧视，在本书第五章中也曾提到，指的是日常生活中发生的，人们对那些在种族、性别、性别认同、宗教等范畴内属于边缘化群体的人们表现出的否定、歧视。例如，"身为女性你那么努力真了不起啊""只要努力去做谁都可以成功"这种言谈举止也是微歧视。觉得"这哪里有问题呢？"的人请务必阅读这本书。

交叉性理论在本书第八章有所提到，一个人会因种族、阶级、性别、性别认同从属于多种集体，人们会由于具有多种同一性而受到来自结构性、文化性、规律性的权力的影响，交叉性理论就是有助于思考这种权力影响的概念。同时也是思考这一问题的重要概念：社会是由"女性""青年"等多种同一性构成的，这种社会又是如何看待和对待人的呢？

人不得不在孤立的状态中生存，因而就会失去居场所。我们不仅要结构性地掌握这种状况，而且为了不让自己变成被排挤的一方，同时也为了不变成排挤他人的一方，很有必要学习这些概念，这有着很大的学习价值。

结束语

  为什么许多人会感到"没有居场所"呢？为什么"拥有居场所的人生"资源分配这么不平等呢？有些人有若干个居场所，而且能够生活下去，而有些人费尽心思才能度日，为什么他们连这样的居场所都很难拥有呢？在这样的社会当中，怎么样做才能不只是通过适应现在的社会就能够找到、创建自己容易生存的居场所呢？

  在我每天思考这些问题的时候，我收到了执笔本书的委托。对方和我说"不是研究类的书籍，所以也不必深研细究，就按照自己的意愿去写吧"。让我把一直以来所思考的问题、想要写的问题自由自在地写出来。一直以来，我虽然对儿童、青少年的居场所有所研究，但是我自己处于一个从青年向后青年时期转变的过程当中，所以我感到自己在思考问题时的立场也在逐渐发生变化，然后就觉得如果不及时把现在所思考的问题落实到纸面上，那么就再也不能把过去所思所想的问题写出来了。就在这时，我收到了执笔本书的邀请，因此我感到非常幸运。

我的专业是教育学，但是因为我想对这种社会现象——人们感到没有居场所、认为需要新的居场所、想要在这种机制以及这种社会上找到一个突破口——进行分析，便将此书命名为《创造居场所：孤独与归宿的社会学》。因此，我认为这本书内容不一定是可以证实的，也存在理论薄弱的部分。但是，我们在构想、希望社会变成什么样子的时候，如果一味等待理论性和实践性缺陷消失之后，再对新的社会构想进行讨论未免太迟。我在书中所呈现的不是已经达到某种完美程度的思考，而是现在仍在思索当中的想法。如果能够激发读者开展自由开放的讨论，我将深感欣慰。

我同包括教育学在内，还有社会学和社会福利学专业的人们一起开展研究会、读书会，并与学生们进行交往，在此过程中我获得了灵感，本书就是在此基础上写就的。我想借此机会表达感谢。今后也希望和大家一起在既开心又兴奋的地方生活。

此外，在本书书写过程中，大和书房的林阳一给予了全方位的协助，陪我一起参加了众多讨论，并做了许多讨论记录的文字工作，对我进行鞭策鼓励，我得到了很大的帮助与陪伴，对此我表示感谢。

我经常忙于工作和书写本书的原稿等，感谢家人对我的陪伴。他们对我的支持是我最大的精神支柱。

　　读完本书的读者们，感谢陪我一起走过一场有关居场所的思维之旅。如果大家能够毫无畏惧地讲出自己的所思、所感，并且能够影响到日常生活的各种场合，我将欣慰无比。

2022 年 9 月吉日

阿比留久美

参考文献

【第一章】

阿比留久美（2012）「『居場所』の批判的検討」萩原健次郎・田中治彦『若者の居場所と参加』東洋館出版社。

阿比留久美（2022）『子どものための居場所論——異なることが豊かさになる』かもがわ出版。

天野敬子（2016）「地域を変える・子どもが変わる・未来を変える——豊島子どもWAKUWAKUネットワーク」松本伊智朗・湯澤直美・平湯真人・山野良一・中嶋哲彦編著「なくそう！子どもの貧困」全国ネットワーク編『子どもの貧困ハンドブック』かもがわ出版。

新谷周平（2012）「居場所を生み出す『社会』の構築」萩原健次郎・田中治彦編著『若者の居場所と参加』東洋館出版。

オルデンバーグ、レイ（雷・奥尔登堡）(2013)『サードプレイス――コミュニティの核になる「とびきり居心地よい場所」』忠平美幸訳、みすず書房。

堅田香緒里 (2020)「貧者をめぐる『再分配』と『承認』の現代的諸相――『社会的な居場所』と『自立支援』を通して考える」『医療福祉政策研究』3 巻 1 号、pp. 21-28。

厚生労働省社会保障審議会福祉部会 (2004)『生活保護制度の在り方に関する専門委員会報告書』。

狛江市公民館 (2021)『狛江市公民館の活動の記録　令和 2 年度』〈https://www.komae.ed.jp/index.cfm/10,1203,c,html/1203/20210625-092507.pdf〉。

榊原正博 (2000)「狛プーって何？」『月刊社会教育』44 巻 5 号、pp. 82-87。

榊原正博 (2003)「元気な公民館 (4) 狛江市青年教室の活動をとおして――これまでの狛プー、これからの狛プー」『社会教育』58 巻 7 号、pp. 30-35。

児童館学童保育 21 世紀委員会 (1995)『児童館・学童保育と居場所づくり――子どもの生活に躍動と癒しの拠点を』萌文社。

西村美東士 (1997)『癒しの生涯学習――ネットワークのあじわい方とはぐくみ方』学文社。

西村美東士（2003）「居場所づくりと青少年育成の考え方」『青少年問題』50巻4号、pp.54-56。

萩原建次郎（2018）『居場所—生の回復と充溢のトポス』春風社。

パットナム、ロバート（罗伯特・帕特南）（2006）『孤独なボウリング—米国コミュニティの崩壊と再生』柴内康文訳、柏書房。

久田邦明編（2000）『子どもと若者の居場所』萌文社。

南出吉祥（2015）「『居場所づくり』実践の多様な展開とその特質」『社会文化研究』第17号。

【第二章】

石川准（1992）『アイデンティティ・ゲーム——存在証明の社会学』新評論。

上野千鶴子（2005）「脱アイデンティティの理論」上野千鶴子編『脱アイデンティティ』勁草書房。

エリクソン、エリク（爱利克・埃里克森）（1973）『アイデンティティ』岩瀬庸理訳、金沢文庫。

エリクソン、エリク（爱利克・埃里克森）（2001）『ライフサイクル、その完結 増補版』村瀬孝雄・近藤邦生訳、みすず書房。

大内裕和・竹信三重子（2014）『「全身〇活」時代—就活・婚活・保活からみる社会論』青土社。

ギデンズ、アンソニー（安东尼・吉登斯）（2005）『モダニティと自己アイデンティティ——後期近代における自己と社会』秋吉美都・安藤太郎・筒井淳也訳、ハーベスト社。

厚生労働省（2013）『平成25年版 厚生労働白書』〈https://www.mhlw.go.jp/wp/hakusyo/kousei/13/dl/1-02-2.pdf〉。

児美川孝一郎（2006）『若者とアイデンティティ』法政大学出版局。

ファーロング、アンディ＆カートメル、フレッド（安迪・弗朗、弗雷德・卡特梅尔）（2009）『若者と社会変容』乾彰夫・西村貴之・平塚眞樹・丸井妙子訳、大月書店。

ベック、ウルリヒ（乌尔里希・贝克）（1998）『危険社会——新しい近代への道』東廉、伊藤美登里訳、法政大学出版局。

ホール、スチュアート（斯图亚特・霍尔）（2001）「誰がアイデンティティを必要とするのか？」スチュアート・ホール、ポール・ドゥ・ゲイ（斯图亚特・霍尔、保罗・杜盖伊）編『カルチュラル・アイデンティティの諸問題—誰がアイデンティティを必要とするのか？』宇波彰監訳・解説、柿沼敏江・林完枝・松畑強・佐復樹訳、大村書店。

山下恒男（2008）「発達論としてのアイデンティティ論―エリクソン理論を再考する―」日本社会臨床学会『心理主義化する社会』現代書館。

【第三章】

稲垣誠一・小塩隆士（2013）「初職の違いがその後の人生に及ぼす影響：LOSEF 個票データを用いた分析」『経済研究』64 巻 4 号。

乾彰夫（2000）「「戦後的青年期」の解体――青年期研究の今日的課題」『教育』50 巻 3 号。

乾彰夫（2002）「「戦後日本型青年期」とその解体・再編―「学校から仕事へ」の移行過程の変容を中心に」『ポリティーク』3 巻。

岩間夏樹（2010）『若者の働く意識はなぜ変わったのか―企業戦士からニートへ』ミネルヴァ書房。

大内裕和・今野晴貴（2015）『ブラックバイト』堀之内出版。

小此木啓吾（2010）『モラトリアム人間の時代』中公文庫。

小田ひとみ（2016）「米国における子ども向け地域スポーツ活動の事例研究」『千葉敬愛短期大学紀要』第 38 号。

神代健彦（2020）『「生存競争」教育への反抗』集英社新書。

厚生労働省（2019）「2019年国民生活基礎調査の概況」〈https://www.mhlw.go.jp/toukei/saikin/hw/k-tyosa/k-tyosa19/dl/03.pdf〉。

小杉礼子（2010）『若者と初期キャリア――「非典型」からの出発のために』勁草書房。

児美川孝一郎（2013）『キャリア教育のウソ』筑摩書房。

今野晴貴（2012）『ブラック企業―日本を食いつぶす妖怪』文春新書。

今野晴貴（2015）「「ブラック企業問題」の沿革と展望：概念の定義及び射程を中心に」『大原社会問題研究所雑誌』681巻。

田中洋子（2015）「日本的雇用関係と「ブラック企業」」『社会政策』第6巻3号。

内閣府男女共同参画局（2021）「男女共同参画白書〈令和3年版〉Ⅰ－2－7図　年齢階級別非正規雇用労働者の割合の推移」（2021年6月公表）〈https://www.gender.go.jp/about_danjo/whitepaper/r03/zentai/html/zuhyo/zuhyo01-02-07.html〉。

中野円佳（2014）『育休世代のジレンマ』光文社新書。

中村高康（2011）『大衆化とメリトクラシー――教育選抜をめぐる試験と推薦のパラドクス』東京大学出版会。

中村高康（2018）『暴走する能力主義―教育と現代社会の病

理』ちくま新書。

ニュートン、デレク（德雷克・A. 牛顿）（1980）『男のように考えレディのようにふるまい犬のごとく働け』石原一子訳、サンケイ出版。

濱口桂一郎（2013）『若者と労働——「入社」の仕組みから解きほぐす』中公新書ラクレ。

ブラウン，P（菲利普・布朗）（2005）「文化資本と社会的排除—教育・雇用・労働市場における最近の傾向に関するいくつかの考察」A・H・ハルゼー、H・ローダー、P．ブラウン、A・S・ウェルズ編『教育社会学——第三のソリューション』住田正樹・秋永雄一・吉本圭一編訳、九州大学出版会。

ベック、ウルリヒ（乌尔里希・贝克）（1998）『危険社会——新しい近代への道』東廉・伊藤美登里（訳）、法政大学出版局。

本田由紀（2008）『軋む社会』双風社。

本田由紀（2020）『教育は何を評価してきたのか』岩波新書。

松岡亮二（2019）『教育格差——階層・地域・学歴』ちくま新書。

宮本みち子（2015）「移行期の若者たちのいま」宮本みち子編『すべての若者が生きられる未来を——家族・教育・仕事からの排除に抗して』岩波書店。

文部省（1992）「登校拒否（不登校）問題について（報告）」。

山田昌弘（2017）『底辺への競争——格差放置社会ニッポンの末路』朝日新書。

【第四章】

伊田広行（1998）『シングル単位の社会論——ジェンダーフリーな社会へ』世界思想社。

栗田路子・冨久岡ナヲ・プラド夏樹・田口理穂・片瀬ケイ・斎藤淳子・伊東順子（2021）『夫婦別姓——家族と多様性の各国事情』ちくま新書。

千田有紀（2013）「恋愛や家族をめぐる物語」千田有紀・中西祐子・青山薫『ジェンダー論をつかむ』有斐閣。

パーソンズ、タルコット・ベールズ、R. F.（塔尔科特・帕森斯、R.F. 贝尔斯）（2001）『家族——核家族と子どもの社会化 新装版』橋爪貞雄・高木正太郎・山村賢明・溝口謙三・武藤孝典翻訳、黎明書房。

ファインマン、マーサ・アルバートソン（玛莎・法恩曼）（2003）『家族、積みすぎた方舟——ポスト平等主義のフェミニズム法理論』上野千鶴子監訳、学陽書房。

ブレイク、エリザベス（伊丽莎白・布雷克）（2019）『最小の結婚――結婚をめぐる法と道徳』久保田裕之監訳、白澤社。

【第五章】

アルッザ、シンジア、バタチャーリャ、ティティ、フレイザー、ナンシー（钦齐亚・亚鲁扎、蒂蒂・巴塔查里亚、南茜・弗雷泽）（2020）『99％のためのフェミニズム宣言』恵愛由訳、菊池夏野解説、人文書院。

小杉礼子・鈴木晶子・野依智子・横浜市男女共同参画推進協会編著（2017）『シングル女性の貧困――非正規職女性の仕事・暮らしと社会的支援』明石書店。

スー、デラルド・ウィン（德拉尔德・温格・苏）（2020）『日常生活に埋め込まれたマイクロアグレッション――人種、ジェンダー、性的指向：マイノリティに向けられる無意識の差別』マイクロアグレッション研究会訳、明石書店。

末冨芳・桜井啓太（2021）『子育て罰――「親子に冷たい日本」を変えるには』光文社新書。

千田有紀（2011）『日本型近代家族――どこから来てどこへ行くのか』勁草書房。

中野円佳（2014）『「育休世代」のジレンマ――女性活用はなぜ失敗するのか？』光文社新書。

野依智子（2017）「『家族賃金』観念の形成と歴史的意義――1920年代を中心に――」『大原社会問題研究書雑誌』第699号。

フリーダン、ベティ（贝蒂・弗里丹）（1965）『新しい女性の創造』大和書房。

【第六章】

上岡陽江（2010）「同じ話を心の中で落ちるまで話せ」上岡陽江・大嶋栄子『その後の不自由――「嵐」のあとを生きる人たち』医学書院。

栗田隆子（2019）『ぼそぼそ声のフェミニズム』作品社。

田村あずみ（2020）『不安の時代の抵抗論』花伝社。

ネグリ、アントニオ・ハート、マイケル（安东尼奥・内格里、迈克尔・哈特）（2005）『マルチチュード――〈帝国〉時代の戦争と民主主義（上・下）』幾島幸子訳、水嶋一憲・市田良彦監修、NHKブックス。

藤高和輝（2022）『〈トラブル〉としてのフェミニズム――「取り乱させない抑圧」に抗して』青土社。

的場昭弘（2017）『マルクスを再読する――主要著作の現代的意義』角川文庫。

【第七章】

石井あらた（2020）『「山奥ニート」やってます』光文社。

堅田香緒里・山森亮（2006）「分類の拒否―『自立支援』ではなく、ベーシックインカムを」『現代思想』2006年12月号。

桜井啓太（2017）『〈自立支援〉の社会保障を問う―生活保護・最低賃金・ワーキングプア』法律文化社。

桜井智恵子（2020）「反自立という相互依存プロジェクト」広瀬義徳・桜井啓太編『自立へ追い立てられる社会』インパクト出版会、2020。

サンデル、マイケル（迈克尔・桑德尔）（2021）『能力主義は正義か』早川書房。

セドラチェク、トーマス・グレーバー、デヴィッド（托马斯・塞德拉切克、大卫・格雷伯）（2020）『改革か革命か――人間・経済・システムをめぐる対話』三崎和志・新田智幸訳、以文社。

藤村靖之（2020）『自立力を磨く――お金と組織に依存しないで豊かに生きる』而立書房。

古川孝順（2007）「自立の思想」仲村優一・一番ヶ瀬康子・右田紀久恵監修『エンサイクロペディア社会福祉学』中央法規出版。

【第八章】

　朝倉景樹（2010）「シューレ大学を創ること、シューレ大学の学生であること」シューレ大学編『閉塞感のある社会で生きたいように生きる―オルタナティブ大学で学ぶ』東京シューレ出版。

　石井あらた（2020）『「山奥ニート」やってます。』光文社。

　石井正宏・泉翔・岡檀・野々村光子・南出吉祥（2019）「シンポジウム想いをつなげる『ことば』を探る――排除・適応・棲み分けを超えて」若者協同実践全国フォーラム『第14回全国若者・ひきこもり協同実践交流会 in あいち』。

　石川准（1992）『アイデンティティ・ゲーム――存在証明の社会学』新評論。

　石原真衣・下地ローレンス吉孝（下地·劳伦斯·吉孝）（2022）「討議インターセクショナルな『ノイズ』を鳴らすために」『現代思想』2022年5月号。

　入江公康（2008）「労働／消費――入江公康氏に聞く」白石嘉治・大野英士編『増補ネオリベ現代生活批判序説』新評論。

　上田假奈代（2016）『釜ヶ崎で表現の場をつくる喫茶店、ココルーム』フィルムアート社栗田隆子（2019）『ぼそぼそ声のフェミニズム』作品社。

コリンズ、パトリシア・ビルゲ＋ビルゲ、スルマ（帕特里夏・希尔・柯林斯、西尔玛・比尔盖）（2021）『インターセクショナリティ』小原理乃訳、下地ローレンス吉孝監訳、人文書院。

斎藤幸平（2020）『人新生の「資本論」』集英社新書。

田村あずみ（2020）『不安の時代の抵抗論——災厄後の社会を生きる想像力』花伝社。

鶴見俊輔（1991）「方法としてのアナキズム」『鶴見俊輔集9 方法としてのアナキズム』筑摩書房。

花崎皋平（2001）『増補　アイデンティティと共生の哲学』平凡社。

ホロウェイ、ジョン（约翰・霍洛威）（2009）『権力を取らずに世界を変える』大窪一志・志茂野修訳、同時代社。

モーリス＝スズキ、テッサ（泰萨・莫里斯—鈴木）（2001）「解説——「ピープルネスの思想」の可能性」花崎皋平『増補　アイデンティティと共生の哲学』平凡社。